떠난 뒤에 생각나는 것들

국립중앙도서관 출판예정도서목록(CIP)

떠난 뒤에 생각나는 것들 / 지은이: 이응수. ― 파주 : 북캐
슬, 2016
    p, ;    cm

ISBN 979-11-86619-03-2 03910 : ₩12500

한국 현대 수필 [韓國現代隨筆]

814.7-KDC6
895.745-DDC23              CIP2016001353

# 떠난 뒤에
# 생각나는 것들

이응수 지음

북캐슬

# 그 꽃을 왜 보지 못했을까

인생 포물선의 끝자락이 노을 속으로 저만큼 보이는 지점에서 오늘은 잠시 걸음을 멈추고 모처럼 지나온 길을 한 번 돌아본다.

얼룩으로 물든 흔적 사이로 홀연히 고은 선생의 시 〈그 꽃〉이 나를 흔들어 깨운다.

내려 갈 때 보았네,

올라 갈 때 보지 못한

그 꽃.

왜 보지 못했을까. 올라올 때는 보이지 않던 꽃들이 돌아서서 내려다보니 거기에 너무 많이 흐드러지게 피어있다.

참으로 알 수가 없다. 다른 길을 에돌아 온 것도 아닌데, 그런데 왜 그때는 그 꽃들이, 그렇게 는실난실 손짓을 하고 피어있는데도 내게는 보이지 않았을까.

마음 같아서는, 아니 할 수만 있다면 지금이라도 되돌아가 새로 한 번 올라왔으면 싶다. 올라올 때 그 꽃들을 보았더라면 분명히 내 생각도 달랐을 것이고, 따라서 다른 길을 택했을지도 모를 테고, 지금쯤 다른 옷을 입고, 다른 모습으로 여기에 올라와 있을 터인데····.

아마 시인도 나와 같은 안타까움 때문에 〈그 꽃〉을 노래하지 않았을까 생각해본다.

많이 읽지는 못했지만 그동안 내가 읽은 책 가운데서 멘토 노릇을 한 책 한 권을 고른다면 나는 단연 〈논어〉를 엄지에 곱겠다. 공자가 제자들과 나눈 이야기 책 말이다. 너무 많은 사람들이 읽고 찬양한 책이라, 여기에 나 같은 사람들까지 끼어들어 이러쿵저러쿵한다는 게 좀 쑥스럽고, 송구스럽긴 하지만 사실이 그러할진대 어쩌랴.

그 중에서도 내가 살아오면서 매달린 곳은 이 구절이 아니었던가 생각된다.

吾十有五志學, 三十而立, 四十不惑, 伍十知天命, 六十耳順, 七十從心所慾不踰矩

나는 열다섯에 배움에 뜻을 두었고, 서른에 자립을 했으며, 마흔
에는 흔들림을 바로 잡았고, 쉰에는 생명에 대한 이치를 터득했으
며, 예순에는 어떤 고까운 말을 들어도 소화를 시켰다. 그리고 일흔
에는 내가 마음 내키는 대로 어떤 일을 하더라도 그게 윤리규범에
벗어나지 않았다.

나는 마흔 줄에 들어 '불혹'이란 말을 우연히 들었고, 그 단어의
출처를 찾아보았으며, 그게 〈논어〉 속에 들어있다는 걸 그때서야
비로소 알고 읽게 되었으니, 일테면 역순을 헤맨 셈이다.

그러자니 그 '불혹'이 나한테 맞아 떨어질 턱이 없다. '지학', '이
립'이 제대로 안 된 상태에서 '불혹'을 만났으니, 초등학교도 안 다
니고 바로 고등학교로 들어간 셈이다. 일테면 첫 단추부터 잘못 꿴
어리석음을 저지른 것이다.

그러나 그동안 세월이 흘렀고, 나름대로는 발버둥을 쳤으니 일흔
즈음엔 어느 정도 어우렁더우렁 지낼 수 있을 거라 믿었는데, 그것
도 나 혼자 외람된 발상이었다. 적은 점수로 요행수를 바래 들어간
수능과는 근본적으로 달랐다. 쌈박한 걸 바란다는 건 처음부터 아
니었다.

다시 읽어보니 "吾十有五志學 · · · "은 공자 자신이 그렇게 했다는
이야기일 뿐 제자들한테 강요한 대목은 아니었고, 따라서 우리가

말하는 표준잣대는 처음부터 아니었던 것이다.

　그런데 이 철부지는 그것도 모르고 2,500년 전 시공이 전혀 다른, 거기에다가 그가 누구인가, 성인 반열에다 나를 꿇어 앉혀놓고 왈가왈부를 했으니 이거야 말로 가소(可笑), 그 자체가 아니고 무언가 말이다. 언감생심 어디에다 비교를 했는지 모르겠다.

　〈그 꽃〉이 안 보인 데에는 충분히 그럴만한 이유가 있었다. 그렇게 살았으니 그 꽃이 보일 턱이 없다.

　"나이를 먹어야 세상을 깨닫는데 깨달은 후 그때는 이미 아무짝에도 소용이 없는 나이가 된다."

　토머스 하디가 한 말이 절실하게 가슴을 훑는다.

　이젠 어쩔 방도가 없다. 마음 같아서는 다시 내려가서 새로 오르고 싶지만, 이미 다 틀어진 일, 그 마음을 다독거려 남은 길이나마 제대로 걸어, 여기저기 숨어있는 다른 꽃을 찾아보는 수밖에는····.

　　　　　　　　　　　　　　　　　　　이 웅 수

목 차

프롤로그   그 꽃을 왜 보지 못했을까

## 제1부
## 그러나 오늘은 어제가 아닙니다

# 제2부
## 도대체 나는 누구입니까?

# 제3부
## 참으로, 알다가도 모를 일

# 제4부
## 그래도, 우리한테는 꿈이 있습니다

# 제1부
## 그러나 오늘은 어제가 아닙니다

# 꿀벅지 르네상스

올 여름, 아니 지난여름도 마찬가지지만, 나는 참으로 즐겁게 보냈다. 시내 나가서 한 번씩 돌아다녀 보면 그렇게 즐거울 수가 없다.

실컷 보란 듯 싱싱하고 풋풋한 아랫도리를 온통 까내 놓은 젊은 여성들이 천지에 깔렸으니 세상에 이런 눈요기가 어디 있는가. 종심에 들어선 이 나이에 언감생심 어디 가서 그런 구경을, 일찍이 못 누렸던 신나는 즐거움이다.

이쯤에서 여성들한테 사전 양해를 하나 구해야겠다. 단순한 무문농필舞文弄筆의 객쩍은 이야기일 뿐이니 오해 없기를 바라노라.

꿀벅지라니, 참 이름 한번 걸작이다. 어쩌자고 이런 이름을 구상해냈을까. 더군다나 놀라 나자빠질 일은, TV에서 대놓고 까발리는 이름이 그렇다는 데 있다. 아마 꿀처럼 침이 넘어간다고, 탐스럽다고 해서 그런 이름을 붙인 거라고 본다. 바로 그들이야 말로 글래머 (glamour)다. 어찌 들으면 음탕하고 저속하게 들리는 듯한 느낌도 끼어드는데, 우리 같은 사람들이야 그냥 싸잡혀 넘어가면 될 것 아닌가.

'누나'가 '누워라'에서, '마누라'가 '마주 누워라'에서, '아주머니'가 '아이 주머니'에서 어원을 찾는 한 국문학 교수의 학술논문이 떠오른다. 그게 그거라고 본다.

몇 년 전까지만 해도 그런 건 아마 돈 주고도 구경이 쉽지 않은 풍정이다. 주책바가지라거나 말거나, 남들은 어떤지 모르지만 내 생각은 그렇다. 횡재라면 좀 오버하는 걸까.

구경을 하는 동안 어떤 생각을 하든 그런 건 모두 보는 사람들 자유다. 속으로는 무슨 짓을 하든, 행동으로만 옮기지 않으면 범죄는 아니다. 그런 다행이 없다. 일장춘몽이긴 하지만 온갖 그림을 다 그려본다. 구경 하나는 한도 원도 없이, 과포화 상태는 아닌지 모르겠다.

지하철을 타기위해 계단길이며 에스컬레이터를 타노라면 시선 둘 곳이 난감해 어리바리한 적이 한두 번이 아니다. 어쩌자고 저런 바지를 입고 다니는지 알 수가 없다. 나 같이 음흉한 심보를 가진 사람들이 그대들 몸을 도둑질(?)하고 있다는 걸 저쪽에서는 알기나 하는지 그것도 의문이다.

무슨 놈의 바지가 가랑이가 하나도 없다. 난 아직 팬티도 그런 건 못 입어봤다. 언감생심 나를 그런데 끌어다 들인 것부터가 큰 오류에다 착오겠지만.

청바지란 게 영화 '클레오파트라'에서 엘리자베스 테일러가 리처드 버튼을 유혹하기 위해 야회복 속에 입고 있는 팬티랑 비유한다면 내 눈에 이상이 생긴 걸까.

40여 년 전 가수 윤복희가 모처럼 귀국하면서 입고 온, 비행기를 내려서면서 우리한테 처음 보인 미니스커트는 거기에다 비하면 스란치마다. 스커트 자락이 무릎 위만 올라가도 불경스럽다고 난리를 쳤던 세상이니까 참으로 엄청난 격세지감이요, 상전벽해다.

하의실종下衣失踪에 가서는 눈을 의심할 판이다. 도대체 저 여자는 하의를 입고 있기는 한 건가. 상의 자락을 엉덩이 밑까지 늘어뜨리고 있으니 한번 걷어보지 않는 이상 알 길이 없다. 혼자 착각, 착시현상에 빠져 시선을 더 오래 거기 매달아둔다.

그런 현상을 보면서 나는 나름대로 생각을 해본다. 분명히 저 여자는 보는 이들로 하여금 하의를 입지 않은 걸로 착각하게끔 저러고 다니는데, 그 저의(이런 말이 적절한지 어떤지 모르겠으나)가 어디 있을까. 알록달록한 페디큐어며, 반짝이며 치렁치렁 흔들리는 발목걸이도 가위 놀랍다. 물론 보라고 저러고 다니겠지만 자꾸 보기도 민망하다. 잘못 처신하다간 사팔뜨기 되는 건 아닌지 겁난다.

이러다가 정말 관음증환자의 대명사가 된 'Peeping Tom'이 되는 건 아닌지 모르겠다. 명품 고디바 초콜릿 이름으로도 잘 알려진 고디바 백작부인의 알몸을 몰래 훔쳐보다가 눈이 멀게 된 재단사 Tom 같이….

내 나름대로 저쪽 입장에서 한번 생각해본다. 내가 이렇게 잘 빠졌으니 당신네들 신나게 감상해 보라, 그리고 자신 있거든 나한테 한번 대시해 봐라, 그리고 또 하나 끌어 붙여본다면 '용용 죽겠지' 정도다. 다른 건 더 있을 것도 없다. 거기에 더 나아가다간 현행범으로 수갑을 차는 길밖에 없을 터니 말이다.

그리고 또 하나 사족을 달아본다면, 이런 건 나 같은 구닥다리나 하는 생각이겠지만, 저네들 부모는 자식들이 저러고 돌아다니는 걸 알고 있기는 한 것일까 하는 기우성杞憂性 걱정이다. 위험수위를 오르내리는 저 불안함을 어떻게 이해하는 게 현명할까. 이런 때는 심리학을 미처 못 읽어둔 게 자못 아쉽다. 나이 값을 못하는 칠칠치 못한 행동이지만 이왕 나온 이야기, 나온 김에 하나 더 해보자.

한번은 버스를 타고 가는데 한참 가다가보니 내 눈앞에 여자 배꼽 하나 어른거리고 있는 게 아닌가. 통로에 한 젊은 여성이 허리통을 온통 까내 놓은 채 서 있다. 역지사지로 보면 아무것도 아닌데, 그래서 보란 듯 내놓고 있는데, 나 같은 사람한테는 '세상에 이런 일'이다. 눈이 부셔 뜰 수가 없다.

배꼽의 임자는 자기 배꼽이 밖을 내다보며 중인환시리에 으스대고 있다는 걸 모르는 듯 휴대폰만 만지작거린다. 티셔츠의 허리가 저렇게 짧은데 배꼽이 안 불거지고 배겨날 수가 없다. 그렇다면 결국은 누구든 다 보라라고 내놓은 것밖에 더 되는가. 이것 또한 우리 같은 사람들한테는 어리둥절할 수밖에 없다.

물론 그렇기 때문에 내놓고 다니는 거겠지만 배꼽도 예쁘장하니 잘 생겼다. 흡사 물오른 수밀도水蜜桃 꺼풀이다. 소문에는 배꼽에도 귀고리모양 고리가 있다는데 그게 안 보이는 게 이상하다. 안 할 말로 나는 아내의 배꼽도 이렇게 가까운 자리에서 본 일은 아직 없다.

"부끄러움도 옷을 입었을 때 말이지 옷을 벗으면 부끄러움도 같이 벗겨진다"는 헤로도토스의 얘기가 실감난다. 그들한테는 분명히 부끄럼도 초월했으리라 본다.

물론 몸뚱이가 쭉쭉 미끈하게 잘 빠졌으니까 그러고 다니겠지만 참 물도 좋다. 나 같은 사람들한테는 하나같이 조각이고 예술이다. 하긴 예술이라면 할 말도 없다. 예술과 음탕은 차이란 건 작품에 있는 게 아니라 시각에서 찾아야한다. 예술이라면 하춘화의 노랫말처럼 모두 '무죄' 아닌가.

혹 이 글을 읽는 사람들은, 나잇살이나 먹은 사람이 나이 값을 못한다고, 그냥 안듯 모른 듯 속으로만 짐작하고 넘어가면 될 텐데 무슨 망발이냐고, 눈살을 찌푸릴지 모르지만, 아니 분명히 있겠지, 그러나 사실이 그러할 진데 어쩌랴.

사람이 쭈그렁바가지가 돼 그렇지 그렇다고 마음까지 쭈그렁이가 된 건 천만에 아니다. 마음 하나는 젊을 때나 똑 같다. 아니 산전수전 다 겪어, 젊은이들보다 상상력 하나는 더 화려하고 오만불손할지 모른다.

그런데 나는 여기서 세상 사람들한테 물어보고 싶은 게 하나 있다. 지금 내가 하고 있는, 불경스럽다면 불경스럽고 자연스럽다면 자연스러운 이런 생각을, 나만이 신나게 하고 있는 건지, 다른 사람들도 공감하는 건지 그게 자못 궁금한데, 그대들은 어떠한가. 하긴 내가 그런 온갖 잡동사니를 품으면서도 겉으로는 모르는 척 갑돌이 행세하듯, 다른 사람들도 어슷비슷 거기가 거기겠지 뭉뚱그려 본다.

루벤스의 〈시몬과 페로〉라는 그림이 있다. 제목만으로는 잘 모르더라도 그림 장면을 설명하면 누구나 한 번쯤은 보았음직한, 널리 알려진 그림이다. 백발의 늙은 죄수가 젊고 아름다운 여자의 품에 안겨 그 여자의 젖을 빨고 있는 그림말이다. 그들 표정들도 그렇게 따뜻해 보일 수가 없다. 누가 보더라도 그건 음화다. 암스테르담 국립박물관에 걸려있는 작품인데 관람객들 가운데서도 불쾌한 표정을 짓는 사람들이 적지 않다고 알려진 그림이다.

그런데 거기 담긴 진실을 알고 보면 생각은 달라진다. 굶어죽는 형벌을 받고 죽음을 기다리는 아버지와 면회를 간 외동딸과의 극적인 만남을 그렇게 표현했다고 한다. 늙은이가 시몬이고 딸이 페로라고 전한다. 딸의 효심에 감동한 로마 정부는 곧 그 노인을 석방했다고 한다. 역사가인 발레리우스 막시무스가 전하는 사연이다. 많은 사람들이 음화라고 본 그림이 그의 이야기에서 새롭게 세계적 명화로 탄생한 것이다.

이런 그림과 같이, 젊은 여자들의 하의실종 패션에도 그런 형이상학적 메시지가 숨어있는데 나만 모르고 돼먹잖은 상상을 하고 있는 건 아닌지 모르겠다.

아무래도 여성은, 아니 미인은 속살을 드러내보여야 가치가 있는

가보다. 아마 그게 생명은 아닌지도 모르겠다. '미스코리아 선발대회'가 물 좋은 생선가게 같은 인상을 준다고 해서 폐지론에다가, 요즘은 지상파 방송에서도 생중계를 기피하고 있지만, 여전히 아직은 사라질 기미가 보이질 않는다. 저네들이 더 좋아서 그러는데 그걸 누가 무슨 재주로 막는단 말인가. 턱도 없는 이야기다.

언젠가 이탈리아의 사회투자연구원(CENSIS)에서 미술 이론가와 페이스북 이용자들이 명작 속에 등장한 여인들을 후보로 최고의 미인을 뽑은 일이 있었다. 이 대회에서 최고의 영예를 차지한 작품은 나폴레옹의 누이를 모델로 한 조각 〈폴린 보나파르트 보르게즈〉가 차지했다고 한다. 신고전주의 조각가인 안토니오 카사노바가 그린, 20여 년 동안 30여 명의 남자를 갈아 치우며 애정행각을 한 희대의 탕녀 상像이란다. 사진을 보니 우아한 비너스의 모습으로 상반신을 나신으로 드러낸 채 의자인지, 침대인지 모를 구조물 위에 '내 몸뚱이가 이렇게 잘 빠졌소이다. 마음껏 감상해보세요'의 몸짓으로 엇비슷이, 이것 또한 앉았는지, 누웠는지 모를 자세로 묘사돼 있다.

2위가 〈아프로디테 칼리피고스〉라고 한다. 환상적인 뒤태가 아름다워서 남성들의 열광적이 찬사를 받은 작품이란다. 우리 같은 사람은 본 일도 들은 일도 없는 작품들이다. 그런데 상위권에 오른 작품들의 많은 공통점은 반나半裸의 여체들로 미끈하게 빠진 몸매의 소유자들이 차지했다고 전한다.

등위에 오른 작품으로 내가 알고 있는 건 레오나르도 다빈치의 〈모나리자〉 한 점 뿐이다. 그런데 그 작품은 어처구니없게도 62위에 올라있었다. 참으로 뜻밖 일이다. 그런 거 보면 내 눈은 눈도 아니다.

세상이 또 언제 어떻게 바뀔지는 모르지만, 한마디로 우리 같은 사람들의 심미안이라는 게 시대적으로 얼마나 동떨어져있다는 게 절로 나타난다. 그런 눈으로 세상을 살아가고 있으니 문밖에만 나오면 눈이 부셔서 쩔쩔 매는 건 아닌지 모르겠다.

최근 버지니아 포스트렐이 쓴 〈글래머의 힘〉이란 책을 한 권 읽었다. 글래머의 사전적 의미로는 부티, 귀티, 화려함 같은 것을 뜻한다. 하지만 저자는 '시각으로 상대방을 설득하고 매혹하는 하나의 수사학修辭學'으로 풀어놓았다. 18세기 스코틀랜드에서는 실제 보이지 않는 사물을 눈에 보이게 만드는 마법魔法을 의미했다는 말도 보인다.

마음을 움직이는 비언어적 커뮤니케이션이자 상대방으로 하여금 다른 무언가, 다른 누군가가 되고 싶어 하는 힘이 그 속에 담겨있다는 것인데, '갖고 싶다', '되고 싶다', '하고 싶다'는 그네들이 사랑한 환상이라는 것인데, 어리석게도 나 혼자만 엉뚱한 생각을 하고 있었던 것이다.

어쨌거나 참 좋은 세월에다, 참 좋은 세상이다. 같은 시대를 살고 있으면서도 먼저 태어난 게 마냥 원망스러울 만큼 부러운 세상이다. 분명히 우리가 한창이던 때도 그 나름대로 좋은 건 있었을 터인데, 그런 건 하나도 생각나질 않고 왜 엉뚱한 것에만 눈독을 들이는지 모르지만, 어쨌건 그렇다.

근년에 와서 여름은 나한테, 아니 우리같이 나잇살이나 먹은 사람들(물귀신은 아니지만 남도 좀 끌고 들어가야겠다. 그래야만 욕을 얻어먹어도 덜 먹을 게 아닌가)한테는 즐겁고 신나는 여름이다.

아, 아….

# 정말 만나고 싶었을까

TV 화면에는 꽤 알려진 중견 탤런트가, 그의 초등학교 시절의 담임선생이었다는 초로의 한 여인을 만나, 서로 끌어안고 만단정회를 푸는 장면이 나오고 있다.

그가 중견으로 자리 잡은 이면에는 선생님의 영향이 컸다는 등, 지금까지 보여준 내용만으로도 그들의 만남은 무척 감동이고 극적이었는데, 몸에 밴 연기까지 보태어, 거기 나온 방청객들은 물론 TV 앞에 앉은 우리 시청자들까지 숙연하게 만들어 놓는다. 코미디언으로 우는 연기는 죽어도 못 하겠더라는 사회자도 돌아서서 눈물을 찍어내고 있는 걸 보면, 어쨌거나 근사방사하다.

'TV는 사랑을 싣고'

내가 즐겨 보는 프로그램이다. 한 번씩 만나고 싶은 사람들의 모양새를 나름대로 잘 그려낸 것으로, 그것도 나이 탓인지는 모르지만, 이미 여러 번 보아 서로 어슷비슷한, 빤한 내용인데도 볼 때마다 가슴이 아리고, 설레고, 고개를 끄덕이게 만든다.

마치 내가 주인공이라도 된 듯 들뜬 마음으로 화면 속에 깊숙이 빠져 있는데 막내가 옆에다 자리를 만들며 묻는다.

"아버진 저런 프로를 보시면 어떤 생각이 듭니까?"

" . . . ."

뜻밖 질문이어서 머리를 정리하고 있는데 재차 묻는다.

"저런 모습을 어떻게 생각하시냐고요?"

"저런 거라니?"

"저 사람들이 저래 만나는 거 말입니다."

내가 조금 뜸을 들였다가 이른다.

"감동적이지. 누구든 보고 싶은 사람을 만난다는 건, 그 자체가 감동 아니냐. 그런데 저 사람들 만나는 것도 이렇게 하는갑더라. 지난주에 찾는다는 방송이 나갔으니까, 분명히 자기네들끼리는 사전 연락이 있었을 거고, 마음만 먹으면 이튿날이라도 바로 만날 수 있는 거지만, 방송국에서 이런저런 구실을 만들어 못 만나도록 해뒀다가, 오늘 프로그램 시간에 맞춰 만나도록 한단 말이다. 그래야 실감이 날 거 아냐. 언젠가 과정을 한번 설명해주는데 거기 보니, 그들이 방송국을 찾을 때도 시간차를 둬 각자 다른 문으로 들어오게 한대. 이미 한번 만났다고 하면 김이 새거든. 방송국 각본에 따라 그렇게들 만들어진 거겠지만 보는 우리는 잘 모르잖아. 나는 그렇게 생각한다."

나름대로 정리를 해서 대답한다. 한때 PD가 되겠다고 KBS와 관련된 교육부서를 찾아 몇 달간 배운 것도 있기 때문에 신경을 안 쓸 수가 없다.

"저도 그런 건 알고 있지요."

"그럼 묻는 게 뭐냐?"

"저 사람들이 저렇게 몸부림 칠만큼 만나고 싶었고, 절실했더라면, 진작 한번 만나볼 일이지 왜 방송국에서 섭외가 올 때까지 기다렸느냐, 그 말입니다. 제 얘기는."

"그건 또 무슨 얘기냐?"

내 답이 빗나간 모양이다.

"결론부터 먼저 얘기하겠습니다. 저 양반들은 방송국에 한번 나와 주십시오, 하고 출연해줄 걸 요청하지 않았더라면 만나지 않았을 사람들이란 그 말입니다. 지금까지는 물론이고, 앞으로도····."

"····"

그때서야 감이 잡힌다.

"그러니까 저건 모두 가식이다, 그거죠. 안 만날 사람들이 만나는 거니까 방송국에서 시청자들을 기분 좋게 속이고 있다, 그런 뜻도 되고요."

"····"

적당히 대작할 말을 찾는데 막내의 다음 말이 마치 준비라도 해둔 듯 이어진다.

"보아하니 모두 형편도 괜찮은 사람들 같은데, 지금까지 모른 척 있었다는 게 좀 그렇잖아요. 정보화시대 아닙니까. 방송국에서 찾을 수 있는 사람들이라면, 노력 여하에 따라 누구나 다 만날 수 있거든요. 한 쪽 요청으로 저렇게 만난다는 게, 그리고 참된 만남이라면 방청객들 앞에서 저래 야단스럽게 끌어안고 난리를 칠 게 아니라, 저네들끼리 조용히 만나는 게 옳잖아요. 다른 사람들은 어떻게 생각하는지 모르지만 제 생각은 그렇습니다."

"· · · ?"

"시청률에만 비중을 둔 상혼에 우리가 춤을 추고 있다, 그런 것도 되고요."

"듣고 보니 그런 점도 아주 없는 건 아니다만 · · · ."

"이런 거 까지 제가 할 얘기는 아니지만, 아마 저 사람들 만남은 저게 처음이고 마지막일 겁니다. 방송국에서 같은 사람을 두 번 부르지는 않거든요. 그럼 더 만날 일도 없잖습니까. 어찌 생각해보면 웃기는 일이지요. 냄새도 좀 나고 · · · ."

한참 뒤에서야 내입에서 시무룩이 나온 말이다.

"그렇다고 너무 그런 식으로 몰아붙이는 건 곤란하고 · · · . 편견은 누구한테든 다 있을 수 있으니까."

원래 튀는 구석이 많은 녀석인데다가 이야기를 나누면서 생각해보니 막내의 말에 충분히 일리가 있음이다.

"편견요?"

"그래."

"아버지도 참, 그게 어떻게 편견입니까? 편견하곤 근본적으로 다르지요."

"네 생각이 다 옳은 건 아니다, 그 말이다. 얼마든지 쉽게, 좋게 생각할 수도 있는데, 거기에 무슨 냄새까지 난다고····. 혼자 너무 별나게 생각할 건 없는 거 아니냐."

"이런 걸 한번 생각해보시죠. 만약에 누군가가 아버질 만나보고 싶다고 저런 식으로 불쑥 찾아와 불러낸다면 아버지는 방송국에 나오시겠습니까. 쉽지만은 않을 거 아닙니까. 두고 보십시오. 저런 프로 오래 못 갑니다."

"····글쎄다."

그 일로 왈가왈부 말은 좀 더 있었으나, 결국 나는 막내의 의견을 다소 수용하는 선에서 자구책을 찾아 마무리를 짓고는 말았는데, 그러나 그때부터 그만 이상하게 마음이 흔들리기 시작한 것이다. 내가 지녔던 통념보다는 막내의 주장이 더 무겁게 나를 괴롭힌 것이다.

그 무렵 나는 이런 걸 하나 염두에 두고 있었다.

나한테는 해방 후 9회 졸업인 국민(초등)학교 남자 동창생이 일곱 있다. 그들 가운데 셋은 이미 고인이 됐고, 둘은 그냥저냥 지내는 사이인데, 나머지 둘은 고향을 떠나 헤어진 뒤로 40여년을 모르고 지낸 터라 그들을 불원간에 한번 만나봤으면 하고, 구상하고 있던 참이다.

윤석림과 이헌석이 그들이다. 하나는 당시 면장 아들이고, 하나는 할머니가 시장바닥에서 국밥을 파는, 그 집 손자인데 모두 죽마 고우라는 말이 싱거울 정도로 가깝게 지낸 친구들이다. 닷새를 주기로 돌아오는 장날마다 나는 가마솥 누룽지를 얻어먹기 위해 알랑방귀를 끼며 헌석이 뒤를 따라다녔다. 그 노릇노릇하고, 도톰하고, 말랑말랑한 맛은 지금 생각해도 군침이 돈다. 그들은 우리끼리만 친구가 아니라 부모들도 모두 호형호제하며 지냈던 분들이다.

연고가 있기 때문에 언제든지, 그리고 어느 쪽이든지 마음만 먹으면 서로 연락이 가능한 채널인 데에도 이상하게 그런 버젓하지 못한 관계가 형성돼 지금까지 지낸 것이다. 여건으로 봐, 내가 나서지 않으면 살아생전 못 볼 것 같아서다. 그리고 거기엔 'TV는 사랑을 싣고'가 부추긴 것도 분명히 있다고 봐야할 것이다.

그런데 막내한테 그런 이야기를 듣고 난 뒤로는 그 구상이 괜히 그만 흔들리기 시작한 것이다. 그들도 나와 같은 생각을 하고 있다면 얼마든지 연락을 할 수도 있을 터인데 왜 하지 않을까, 이런저런 생각들이 새삼 사람을 혼란스럽게 만들었다.


언젠가 한 신문에서 국무총리를 지냈던 김종필 씨가 첫사랑이었던 여인을 만났다는 내용을 대담형식으로 써 놓은 기사를 본 일이 있다. 직접 김 씨 본인의 입을 통해서 나온 이야기다

총리 시절, 연중행사로 일선에서 근무하는 통장들 가운데서 유능한 사람들을 뽑아 직접 표창을 한 일이 있었던 모양이다. 그들 가운데 한 사람이 바로 그 주인공이라는 것.

짐작컨대 통장은 김 씨를 만나다는 것을 예상했으나 김 씨는 전

혀 몰랐던 상태에서 두 사람은 만났던 것 같았다. 우연치고는 참으로 기이했다. 피할 수도, 마다할 수도 없는 그런 관계가 아닌가. 누가 보더라도 그건 드라마 같은 극적인 만남이다.

김 씨의 후일담인 즉 그때 이미 첫사랑의 여인은 의사와 결혼했으나 일찍 사별하고 지금은 혼자 통장 일을 보면서 지내더라고 술회해 놓았었다. 감회가 새로웠을 것이다.

총리와 통장으로, 한 사람은 수여자로 한 사람은 수상자로, 또 한 사람은 조마조마한 애타는 마음으로, 한 사람은 전혀 모르는 처지에서 만나게 된 첫사랑의 재회는, 누가 듣더라도 가슴 뭉클한 이야기다. 그들의 만남은 당사자들이야 말할 것도 없지만, 제 3자가 상상만으로도 얼마나 애틋하고 아련했을 것이란 건 충분히 짐작이 가고도 남는다.

그 사연을 읽었을 때 실은 나도 잠시 신문을 놓고 그 장면을 그려보면서 그들의 마음을 나름대로 한번 헤아려 보았다. 그러나 아무리 후하게 하드라도 당사자들 마음에야 미칠 수는 없을 것 아닌가.

우리는 한평생 살면서 인연이라는 이름으로 많은 사람들을 만나고 헤어진다. 누구한테든 만나보고 싶은 사람은 다 있다. 첫사랑의 연인을 비롯해서 생명의 은인에 이르기까지 그 대상도 다양할 것이다. 그러나 우리는 여건상 대부분 만나지 못한다. 아니 일부러 안 만나고 지내는 사람도 그 가운데는 많다. 그건 만나는 것 보다 안 만나는데 더 비중을 두기 때문이리라.

그리움으로, 환상으로, 때에 따라서는 설렘으로, 자기만이 가진 보물로 저마다의 가슴속에서 불씨로 묻혀, 삭막한 생활의 틈바구니를 비집고 한 송이 꽃으로 피어나기도 하고, 고명 같은 시각적 자양분으로 우리를 어루만져주는 게 그런 것 아니겠는가. 오히려 만나지 않음으로 해서 더 소중한 가치를 만들 수도 얼마든지 있다는 말이다.

김 씨의 첫사랑 재회도, 모범공직자 표창제도라는 중개역이 없었더라면 끝내 없었을 것 아닌가. 그야말로 얄궂은, 보기 드문 운명의 장난이다. 그러나 그들의 그 만남이 그들을 행복하게 만들었는지는 한번 생각해볼 일이다.

나는 친구들을 만나지 않기로 결정했다. 그들 가운데 누구한테서 연락이 온다면 모르지만 내 입으로 불러서는 만나지 않겠다. 아직도 기억에 또렷이 살아있는 60여 년 전 가마솥 누룽지의 맛이 그들을 만나지 않았기 때문에 그대로 저장되어있는 건 아닌지, 꼭 그런 건 아니지만, 그렇더라도 네 발로는 만나지 않으련다.

# 우표에 대한
## 어처구니없는 의문 하나

　우표 이야기가 나오면 편지가 생각나고, 편지 이야기가 나오면 멀리 떨어져있는 사람들과 나누었던 안부며, 가슴 뭉클한 정감이 담긴 갖가지 사연들이 떠오른다.

　우리한테 편지는 사전적 의미인 단순한 '상대편에게 전하고 싶은 글' 이상의 많은 뜻을 품고 있다. 편지를 통해 인정이 오갔고 교감이 형성되었기 때문이다.

　청마靑馬(유치환) 같은 시인은 편지를 보내고 받는 것을 세상에 없는 행복으로 알았다.


　　오늘도 나는
　　에메랄드빛 하늘이 환히 내려다보이는

우체국 창문 앞에 와서 너에게 편지를 쓴다.
행길을 향한 문으로 숱한 사람들이
제각기 한 가지씩 생각에 족한 얼굴로 와서
총총히 우표를 사고 전보지를 받고
먼 고향으로 또는 그리운 사람께로
슬프고 다정한 사연들을 보내나니
세상의 고달픈 바람결에 시달리고 나부끼어
더욱 더 의지 삼고 피어 헝클어진
인정의 꽃밭에서
나와 나의 애틋한 연분도
한 망울 연연한 진홍빛 양귀비꽃인지도 모른다.
— 사랑하는 것은
사랑을 받느니보다 행복하나니라
오늘도 나는 너에게 편지를 쓰나니
— 그리운 이여, 그러면 안녕!
설령 이것이 세상의 마지막 인사가 되더라도
사랑하였음으로 나는 진정 행복하였네라.


　우표로 가는 편지에는 이런 아름답고 가슴을 적시는 사연들이 행복을 물들이고 있다. 그래서 우리는 그 편지를 전하는 우체부, 빨간 자전거 등도 우표와 함께 우리한테는 잊을 수 없는 정겨운 무늬로 남아 있는 것이다.

그런데 언제부터인가 우리 곁에서 편지가 보이질 않는다. 자꾸 줄어 가뭄에 콩 나듯 보이더니만 최근에 와서는 아예 구경하기조차 힘든 처지가 됐다. 문명의 이기라는 스마트폰 앞에 편지가 맥을 못 추고 그 기능을 모두 내려놓은 것이다. 봉투에 창문을 낸 각종 고지서 등의 편지 아닌 편지, 일테면 우편물이 주류를 이룬다.

편지에는 내용만큼이나 아름답고 재미있는 이야기들이 숨어 있다.

세상에 가장 짧은 편지는 〈레미제라블〉을 쓴 빅토르 위고가 그 책을 낸 출판사에 보낸 편지라고 한다. 의문표 '?' 하나가 편지의 전문이다. 출판사의 답신 또한 놀랍다. 느낌표 '!' 하나로 돌아왔다는 것인데, 위고는 그 것을 보고 빙그레 웃었다고 한다. 책이 잘 팔리느냐 물었더니 감탄할 만큼 잘 나가고 있다는 내용이란다. 그야말로 이런 게 불립문자不立文字가 아닌가 생각 된다.

그런가 하면 만리장성으로 쓴 편지도 있다. 패드 케리라는 미국 해군 장병은 아내한테 타자로 친 장문의 편지를 보냈는데 그 길이가 물경 10미터 20센티미터라고 한다. 편지를 완성시키는데 꼬박 한 달이 걸렸고, 단어 수는 2만 8천자이며, 타이프 키를 두드린 수는 14만 8천여 회라고 하니 그 정성이 엄청 놀랍다.

그 사연도 각양각색이다. 우표 없이도 찾아가는, 간밤의 토닥거림을 사과하는 아내의 도시락 편지가 있는가 하면, 안족서雁足書라고 해서 한나라의 소무蘇武가 흉노한테 사자로 갔다가 붙들려 영어圄圄의 신세가 되자, 그 사실을 기러기발에 쪽지로 달아 전했다고 해서, 그런 이채로운 명칭이 붙었다는 것이다. 시인 두보杜甫는 편지를 가서만금家書萬金이라 불렀다. 반가운 편지는 금 만량만큼의 가치가 있다는 뜻 아니겠는가.

그 뿐만 아니다. 편지에도 사람을 직접 만나는 것만큼 예의가 담겨있었다. 예시로 아버지한테 쓰는 편지를 한번 보자.

'부주전 상서父主前 上書'니 '기체후 일향만강氣體後 一向萬康'이니, '불초不肖' 아무개가 올린다는 건 법조문처럼 당연히 들어가야 했다. 이게 빠지면 무식한 사람이 된다. 여기에 불초 하나만 설명해보자. 아버님의 초상을 닮지 못해 항상 자식으로 송구스럽다는 효성이 담겨있는 말이다. 봉투에도 아버지 이름을 그대로 쓰는 일은 없고 자기의 이름을 쓰고 본제입납本第入納으로 썼던 것이다. 지금 생각해보면, 죄송스런 표현으로 귀신 떡 나눠먹는 이야기 같지만 4, 50년 전까지만 해도 우리는 그렇게 처신하며 살았던 사람들이다. 편지글 하나에도 그런 정성으로 부모 자식 간의 끈을 두텁게 했던 것이다.

이런 편지들이 자취를 감추자 따라서 그만 우표도 잘 보이질 않는다. 언제부터인가 '요금별납'이란 스탬프가 우표를 대행하고 있었다. 편리와 이익만 추구하는 세상이 그렇게 만든 것으로 본다.

우표는 화폐와 같이 유가증권이면서도 그 나라만이 가진, 그 나라를 대표하는 고유문화를 담고 있다. 한류韓流의 본질이 바로 그런 것이다. 그런데 이런 아름답고 고마운 추억을 심어준 우표한테 나는 언짢은 감정을 하나 가지고 있다. 그건 우편 값의 부당함이다.

내가 처음 편지를 써서 사용하던(1960년대 초) 우표는 통상우편물(20그램 한도) 한통에 4원 했었다. 편지 한 장에 4원 우표만 붙이면 우리나라에서는 안가는 곳이 없다. 그러다가 물가 상승과 시세에 편승해서 7원, 10원, 20원, 40원···, 이렇게 올라 지금(2015년)은 300원으로 통용된다.

지난날 4원짜리 우표를 붙이면 되는 편지가 이젠 300원 붙여야 그 역할을 할 수 있다는 말이다. 세상 물건 값이 다 올랐으니까 같은 비율로 올랐는지, 그런 것까지는 알 수가 없지만, 오른 건 당연한 이치라고 본다.

그런데 여기에 요상스러운 게 하나있다. 도무지 나 같은 사람으로는 이해가 안 되는 대목이다.

40여 년 전 편지 한통에 20원 할 때 기념우표 사둔 게 있어, 그것을 편지에다 한 장 붙여 우체국 창구를 찾아, 이래도 되느냐고 물었더니 그쪽 대답이 기절초풍하게 만든다.

"이건 20원짜리 아닙니까."

"그건 우리도 알지요."

"지금은 300원입니다."

"옛날에는 이것만 붙이면 갔거든요. 또 이 우표는 그 당시에 현찰을 주고 산 거고···."

"그래도 가격은 20원짜리잖아요."

"기념우표란 말입니다."

"그렇더라도 안 됩니다."

"그럼, 이런 우표는 열장도 더 붙여야 되겠네요."

"그렇죠. 300원어치, 열다섯 장을 붙여야 됩니다."

" . . . . "

할 말이 없다. 무슨 이런 계산법이 나오는가. 계산기가 만드는 대답은 그게 옳은지 모르지만, 유가증권은 그런 게 아니다. 돈이란 시간이 흐르면 시차時差에 따르는 이식이 붙게 되어있다. 그래야만 그가치가 유지된다. 그건 유가증권에 붙어있는 지극히 당연한 상식이다. 모든 채권은 이것 때문에 존재 의미를 갖는다. 우표도 분명히 법이 인정하는 유가증권이다. 그런데 이게 무슨 귀신 씨나락 까먹는 소린가 말이다.

"그럼 그 전에 사둔 4원짜리 우표는 70장도 더 붙여야 되겠네요."

"그렇습니다."

이거야말로 '나무관세음보살'이 아니고 뭔가.

너무 남발되고, 유가증권으로 아무런 역할도 못해, 요즘은 그것도 포기한 생태지만, 한때 나는 기념우표 마니아로 으스대던 때가 있었다. 우표 수집을 하나의 고상한 취미, 하나의 긍지로까지 생각했었다. 지금도 나한테는 수백 종, 수천 장 우표가 있다. 그런데 상황이 이지경이 되고 보니 이런 암담함이 없다.

한마디로 기념우표를 사둔 게, 속된 표현이지만, 밥 팔아 똥 사놓은 꼴이 되고 만 셈이다. 이를 어떻게 이해해야 할 것인가.

세상에 이해 못할 일이 어디 이것 한 가지 뿐일까만 그렇더라도 이건 너무했다. 국가가 국민을 상대로 사기를 친 것이다. 차라리 편지가 찾아가는 장소에 따라 킬로미터 당 얼마씩 받아 증감을 한다면 그건 받아들일 수 있겠다.

기념우표라는 게 무엇을 기념하자는 건지 모르겠다. 제대로 따지면 40년 전에 7원하던 우표를 지금 300원으로 제 역할이 가능하더라도 40년이란 시차에서 오는 이식은 행방불명 상태인데, 40장도 더 붙여야 된다니, 이거야 말로 적반하장賊反荷杖이 아니고 무언가 말이다.

청홍당사青紅唐絲에 녹의홍상綠衣紅裳으로 가례를 치르는 예식이 새삼스레 이채롭듯, 지극정성으로 모아두었던 옛날 우표가 수십 년이 지나서도 제 구실을 다 할 수 있다면, 그래서 편지의 얼굴이 더 빛나도록 하는 게, 바로 기념우표의 역할이다.

종류에 따라 차이는 있지만 수만 장씩 발행되는 기념우표, 누구든 수집해 둔 이가 있거든 이참에 알만한 데를 찾아가 한번 물어보라. 얼마나 자신이 기똥찰 노릇을 했는지 알게 될 것이다. 희귀성을 내세워 때를 기다려야 한다지만, 그 많은 우표한테 천지개벽을 하지 않는 이상, 상상도 할 수 없는 노릇이다.

기념우표란 말 그대로 기념으로 모아두면 되는 거지 무슨 말이 그렇게 많으냐고 몰아붙인다면 거기엔 할 말이 없다.

이제 편지 쓰는 사람도 없고 따라서 우표도 쓸 일이 없는데, 나 혼자 너무 엉뚱한 곳을 헤집고 있는 건 아닌지, 자신을 조용히 타일러 다독거려본다.

# 이제 화장실은 아니다

"어, 여기 사마귀 있는 거 떼냈네요."

물수건으로 머리를 만지던 미용사가 거울 속에 비친 나와 눈을 맞추며 말을 건넨다.

"예, 뗐습니다. 이젠 머리 깎으면서 신경 쓸 일이 없지 싶습니다."

"병원에서 했습니까."

"예, 쉽더구만요. 난 큰 걱정을 하면서 찾아갔는데 · · · ·."

"진작 하실 거 아닙니까. 그게 없으니까 인물이 훤한데요."

"쭈구렁 바가지가 다 된 얼굴인데 인물은 무슨 · · · ·. 허허 허허."

빈말이지만 인물이 훤하다는 소리를, 그것도 여자한테 들으니까 싫진 않다. 그런 거 보면, 주책바가지란 소리를 들을지 모르지만, 나이는 어디로 먹는지 모르겠다.

언제 생겼는지 모르게 콧등 미간에 혹인지, 사마귀인지 버찌만한 살점이 하나 돋아있어 우연한 기회에 그걸 떼냈는데, 그날 이후 미용실에 들러 미용사와 나눈 여담이다.

그럭저럭 미장원에 머리를 맡긴지도 10여년이 훨씬 넘었을 싶다. 세상이 어떻게 된 셈인지 우리가 살고 있는 동네엔 이발관이 하나도 없다. 목욕탕에 이발소가 딱 하나 있었는데 그러나 거기엔 목욕을 해야만 갈 수 있는 곳임으로 여간 불편한 게 아니다.

처음 미장원 가던 날 나는 아이들한테 물어보았다. 나한테는 사내아이만 셋 있는데 개들은 그전부터, 그러니까 이발관이 있을 때에도 미장원을 나들었다.

"거기에 우리 같은 영감들도 오더냐?"

"잘 모르겠는데요. 남자 미용사가 있는 미장원도 있걸랑요."

아이들 대답이다. 그러나 남자 미용사가 있다고 해서, 남자 손님은 남자가 기다리고 있다가 깎아준다는 보장도 없다. 찾아오는 순서대로 일을 맡을 터니 말이다.

그런데 처음 들어갈 때 좀 서먹했지 지내보니 별것도 아니었다. 오히려 일부러라도 들릴 만 했다. 이발관에 드나들 때도 면도는 여자가 해주는 곳이 있어, 그 손길이 부드러워 은근히 좋았는데, 가운 걸치는 것부터 시종일관 여자가 돌봐주니 말이다. 어쩌다가 젊은 미용사와 거울 속으로 마주치는 눈길도, 찌릿하다고 표현한다면, 이것 또한 주책이지만, 이 나이에 맛보는 행복 같은 것이 아닌가 생각해본다.

그런 어느 날, 내 콧등의 사마귀를 보더니만, 이런 이야기까지 해주는 게 아닌가. 아마 고객관리 차원인 것 같았다.

"이런 걸 왜 그냥 달고 다니세요. 이거 병원에 가시면 간단합니다. 우리가 하기엔 너무 커서 좀 그렇지만, 작으면 우리가 해도 되는데. 제사 지낼 때 쓰는 향 있잖아요, 그 불로 지져서 떼내기도 하고⋯."

그만 그때부터 생각이 흔들리기 시작한 것이다. 누구한테든 취약점 없는 사람이야 없겠지만 그렇더라도 면전에서 바로 이러는 건 아닌데 싶은 것이, 사람을 뒤숭숭하게 만들었다.

콧등의 사마귀는 그전부터 혀를 대는 사람이 많았다. 그게 무슨 신주단지라고 그냥 두느냐는 것이다. 마침내는 미용사까지 거들었다면 그게 얼마나 보기 싫었던가는 충분히 짐작이 간다.

어떤 일로 KBS 수요기획이란 프로그램에 2, 30분간 얼굴을 내놓은 일이 있었는데, 나는 그걸 무슨 자랑이라고 아는 사람들한테 한 번 보라고는 좀 떠벌린 일이 있었다. 그런데 다음날 돌아온 건 하나같이 지청구였다.

"야, 이 친구야. 콧말랭이 점이나 빼고 나갈 거 아이가. 내 눈에는 그거 밖에 안 보이더라 카이. 멀쩡한 얼굴은 배려 났더라이까."

그런 말을 들어도 한동안 나는 예사로 듣고 넘겼다. 그렇다고 신체발부수지부모, 불감훼상효지시야身體髮膚受之父母, 不敢毀傷孝之始也(신체의 모든 부위는 부모님한테 물려받은 것이니 이를 손상 시키

지 않는 것이 효의 시작)라는 코리타분한 말에 의미를 두는 건 더
군다나 아니다. 굳이 이유를 만든다면 앞으로 얼굴 팔아서 할 일은
없기 때문에, 그리고 나이도 있고 해서 그냥 지내고 싶었던 것이다.

그러던 어느 날이다. 한 친구랑 점심약속을 하고 나갔다가 우연
히 그게 화제에 올랐고, 그 끝으로 식당 부근에 사마귀 빼는 전문병
원이 있다고는, 자기랑 잘 아는 사이인데, 이왕 여기까지 온 것 잘
됐다고는 부추기는 바람에, 얼김에 들어가서 때냈던 것이다.

못해도 한 달에 한 번씩은 미용실은 들러야할 판인데, 그때마다
미용사를 신경 쓰게 해서, 나 또한 같이 신경을 안 쓸 수가 없었는
데, 그 이후부터는 무엇보다 그런 일로 신경 쓸 일이 없어 좋았다.


요제프 H. 라이히홀프의 〈미의 기원〉이란 책을 읽었다. 한마디로
동물(물론 인간도 포함한다)한테서 아름다움이란 사치품인가 아니
면 생필품인가를, 이 사람 저 사람의 의견을 참고로 해서 저자 나름
대로 풀어놓은 책이다.

"나는 공작의 꼬리를 볼 때마다 불편함을 느낀다."

찰스 다윈은 〈종의 기원〉을 발표한 뒤에도 계속 찜찜한 게 있었
다. 자신이 연구한 자연선택설로 보자면 공작이 꼬리는 환경의 영
향을 받아 살아가기 좋도록 자꾸만 간편하게 변해가야 옳다.

그런데 그는 그 사실을 나중에 '성선택性選擇 이론'으로 다시 풀었
다. 꼬리가 거추장스러운 건 불편하되 암컷으로부터 선택을 받기위
해서는, 다시 말해 종족 보전의 목적에 더 비중을 둠으로 여전히 그

런 꼬리를 달고 다닌다는 이론이다. 사슴의 뿔, 새들의 노랫소리도 마찬가지다, 실생활에는 그런 게 위험요소로도 작용할 수 있지만 안전보다 유전자 번식이 더 소중하기 때문이란다.

저자는 아름다움의 추구를 '자연의 제약을 넘으려는 생명체의 자유로운 몸짓'으로 풀어놓았다.

여기에는 사람도 예외일 수가 없을 것이다. 이성의 호감을 사기 위한 목적을 위해서는 많은 제약, 일테면 심신의 고통이라든가 경제적 부담은 물론 자격지심 같은 것도 기꺼이 감수한다는 것과 통한다고 봐야한다. 미를 추구하는 궁극적 목적이 그런 것 아니겠는가.

지하철이나 대합실, 사무실 로비 같은 데서 화장하는 여자들을 자주 보게 된다. 대개의 경우 콤팩트로 간단하게 고치는 것이지만, 사람에 따라서는 자기네 안방 화장대 앞에서처럼 화장품을 늘어놓고 냄새를 펄펄 풍기며, 속눈썹까지 고치는 일도 더러 있다.

옆에서 누가 보거나말거나 개의치 않고, 립스틱으로 입술을 빨갛게 바르고는 물고기처럼 연방 빠끔거리는 자태라든지, 매니큐어를 꺼내놓고 뭘 생각하는지 혼자 싱글벙글하며 네일아트 전을 펴놓은 모습은, 보기에 따라 "이건 아닌데" 싶을 때가 더러 있다. 주변의 시선이 어떠하다는 것을 느끼거나 하는 건지, 아니면 아예 도외시하는 건지는 모르지만, 놀랍다.

공공장소에서 화장하는 여자를 어떻게 봐야 할 것인가. 남들은 어떻게 보는지 모르지만 나는 중인환시衆人環視에 떠벌려놓고 화장하는 여자를 보면 눈살이 찌푸려진다. 무례라고 본다는 말이다.

　서양의 어떤 사람은 여자가 아름답게 보일 때가 뜨개질을 하고 있을 때, 화장을 하고 있을 때, 울고 있을 때라고 말했는가본데, 시각 또한 천태만상임을 모르는 건 아니지만, 그렇더라도 나는 아니다. 하긴 울고 있는 여자까지 아름답게 보인다는 형이상학적 시각을 가진 사람들과 이러쿵저러쿵한다는 것 자체가 이미 대화의 대상은 아니지만 그렇더라도 나한테는 아닌 것이다.

　여기서 우리가 변소를 화장실이라 부르는 까닭을 한번 생각해보자. 바쁨에 쫓겨 미처 못 하고 나온 화장을 몰래 고칠 수 있는 곳이라 해서 그런 이름이 달지 않았을까. 그렇다면 화장은 아무도 안 보는 곳에서 혼자 하는 것이 정석이다. 화장의 목적이 자기의 취약점을 감추는데 있다면 더군다나 그럴 것이다.

　그런데 〈미의 기원〉을 읽고 난 뒤의 내 생각은 흔들림을 넘어 반대쪽으로 기울어지고 있더라는 사실이다. 아름다움을 지니기 위해서라면 그런 것 쯤 호불호好不好, 시시비비是是非非의 대상이 아니라는 말이다. '아름다움'과 '따가운 시선'은 같은 반열이 아니라고 본다는 데야 더 말해 뭣할 것인가. 실로 '성선택 이론'이 빛을 내뿜는 시대를 맞이한 것이다.

　이제 화장실이란 이름도 수명을 다한 건 아닌지 모르겠다. 화장실에서 화장을 하지 않는다면 변소를 군이 화장실이라고 부를 이유가 천만에 없다. 세상은 그렇게 변해가고 있는 것이다.

지금도 이발관 간판 옆에는 빨강, 하얀 두 선이 나사처럼 꼬여 열심히 돌아가는, 일테면 이발관 CI가 달려있는데, 그 까닭을 아는 사람은 많지 않다. 알고 보면 피(붉은색)와 붕대(흰색)을 상징한 거란다. 오래 전에는 이발관에서도 간단한 외상의 치료를 했었는데 그 흔적이 그렇게 남아있다는 것이다. 세월이 흘러 언젠가는 변소한테 화장실이란 이름도 그런 어색한 전설을 하나 만들어 달고 있지 않을까 생각해본다.

이제 생각해보니, 나는 내 콧등 미간의 사마귀를 마지못해, 말하자면 내 뜻이 아닌 이런저런 시달림에 못 이겨 어쩔 수 없이 때낸 듯 이야기를 풀었는데, 속을 다시 들여다보니 나한테도 아름다움을 지니고 싶은 DNA는 그 전부터 활동을 하고 있었고, 그 작용의 일환이었던 것이다. 나이를 내세워 얼버무린 것은 괜한 바람이었나 보다.

# 이런, 반려견伴侶犬이라니오?

요즘, 가진 것이라곤 시간뿐인 나한테, 금호강 방죽 길을 오락가락하는 건 어쩔 수 없는 하나의 일과가 됐다. 운동이라고 해도 좋고, 산책이라고 해도 좋다. 가로수로 심어놓은 단풍나무 하나만으로도 풍정이 좋았는데 최근에 새로 강안 쪽으로 벚나무랑 사이사이로 백일홍을 심어놓아 한층 더 운치가 꽃핀다.

등산과 이별한 우리들한테 주변에 이런 길이 있다는 건, 적어도 나한테는 하나의 복록이다. 춘삼월에는 꽃길이고 가을에는 단풍 길이다.

방죽 길을 한번 내왕하는데 소요되는 시간은 내 걸음으로 4, 50분 걸리니까 3킬로미터는 넉넉하지 싶다. 나 같은 사람한테는 딱 좋은 거다. 나한테만 좋은 게 아니라 인근 사람들이 다 좋아한다. 날만 좋으면 엄청 쏟아져 나와 걷는 그들 표정을 보면 충분히 알 수 있다.

틈만 나면 나는 이곳을 거닌다. 아침도 좋고 저녁도 좋고, 한낮도 좋다. 때로는 잠이 안 오고하면, 몽유병 환자처럼 혼자 밤중에도 나와서 한 번씩 거닐기도 한다.

고대 그리스의 소요학파가 생각난다. 철학자 아리스토텔레스가 산책길에서 제자들과 강의하고 논의한 페리파토스에서 유래했다는 페리파토스학파 말이다. 그들은 세상을 노닐면서 학구열學究熱을 불태웠다고 하지 않았는가. 아침저녁으로 이곳을 거닐어보니 스승이 없고 제자가 없더라도, 어떤 사람은 개똥철학이라고 야유하더라만, 머리가 조금만 더 돌아간다면 충분히 웬만한 학문 하나쯤은 건져낼 것만 같은 생각이 들 때도 있다.

그렇게 혼자 거닐면서 자신과 대화를 나누는 것도 하나의 즐거움이지만 여기를 오가는 사람들을 구경하는 것도 재미가 쏠쏠하다.

운동복을 갖춰 뛰어 다니는 사람이 있는가 하면, 부부 또는 연인들끼리 오순도순 걷는 이도 있고, 뒷걸음을 걷는 사람, 줄넘기를 하면서 가는 사람, 애완견과 함께 걷는 사람 등등, 그 행색들도 각양각색이다. 기동이 불편한 아내를 휠체어에 태워 함께 걷는 그 노인은 마주칠 때마다 마음이 찡하다.

그런데 여기에도 이해가 난감한 볼거리가 하나 있다. 유모차에다 강아지를 태우고 나온 한 중년 아주머니의 행차가 그것이다. 물론 나 혼자 생각이다. 볼 때마다 묘한 상상이 머리를 헤집는다. 알아듣는지 어떤지는 모르지만 강아지와 나누는 대화 또한 걸작이다.

"자, 이제 그만 타고 내려서 엄마랑 같이 걷자."

유모차를 타고 있는 강아지한테 하는 말이다. 촌수를 어떻게 매겼는지 모르지만 자기가 강아지 엄마란다. '개새끼'란 말은 들어봤는데 '개엄마'는 또 처음이다. 하긴 촌수를 역산하면 그게 그거지만.

그러면 강아지는 폴짝 뛰어내려서 유모차를 따르며 걷는다. 실제로 말을 알아듣는지 학습의 결과인지 모르지만 어쨌건 나한테는 분명한 의사소통으로 보인다.

나는 이들을 한 번씩 마주 칠 때마다 겉으로 내색은 안하지만 속으로는 떫고 메스껍다. 다른 사람들은 어떻게 생각하는지 모르지만 영 내 스타일은 아닌 데 불가사의한 일이기 때문이다. 강아지가 아무리 귀엽다고 해도 저렇게까지 치송을 할 필요가 있을까 하는 게 내 생각이다.

애완동물을 애지중지하는 건 충분히 받아드릴 수 있다. 애완견이 가족이란 말에도 수긍이 간다. 세상이 그런 세상이다. 그러나 최소한의 수분守分은 알아야할 거 아닌가. 말하자면 개는 어디까지나 동물이고, 동물은 동물로 키워야한다는 말이다.

개의 털을 깎고 옷을 입히는 둥, 물감을 들이는 둥, 신발을 만들어 신기는 둥 해서 온갖 액세서리로 별의별 짓을 다 하면서 개한테 매달리는 사람들이 있다는 건 그전부터 알고 있다. 전용 의상실이 있고, 전용 미장원이 있으며, 공항 부근에 외국 나들이 하는 사람들을 위해 전용 호텔이 있다는 것도 신문에서 보았다. 전용 장례식장에, 전용 납골당까지 있다는 이야기도 들었다.

아파트 같은 곳에서는 성대를 수술해 사람으로 말하면 아예 벙어리를 만들어 불구로 키우는 사람도 있는 모양이다. 영화 서편제를 보면 딸의 득음을 위해 아버지가 몰래 약을 먹여 장님으로 만든 장면이 나오는데, 비교가 되는지 어떤지 모르지만 문득 그 같은 생각이 다 든다.

최근에 와선 반려견伴侶犬이란 말도 들린다. '반려'라는 말이 어쩌다가 거기에 뛰어 들어갔는지 모르지만, 배우자를 반려자로도 같이 쓴다는 말에 익숙한 나 같은 사람한테는 어쩐지 듣기가 괴이쩍다.

웬만한 사람 이상으로 대접 받는 개가 어디 어제오늘에만 있는 건 아니지만, 아닌 게 아니라 유모차 대접을 받는 개는, 적어도 나한테는 너무 심했다는 생각을 못 버리게 한다.

구청에서 실시하는 재능봉사에 참여할 기회가 있어, 그날 거기에 참석한 분들이 대부분 아주머니들이기에 그들에게 한번 물어본 일이 있다. 유모차 행차로 나들이하는 강아지를 어떻게 생각하느냐고. 물론 그들을 내 편으로 유도하려는 저의도 깔아서.

반응이 뜻밖으로 나왔다. 그게 뭐가 이상하냐는 것이다. 내 생각과 같은 사람도 수적으로 밀리지 않았지만 적극성에서 그들을 못 따른다. 세월이 그런 세월이니 두루뭉수리하게 넘어가잔다. 더군다나 그날 참석자 가운데는 생쥐만한 애완견을 핸드백(내 눈에는 그렇게 보이는데 혹 개 전용 백이 있는 건 아닌지 모르겠다.)에 넣어온 이까지 있었다.

또 한 번은 친구들한테도 그 이야기를 꺼내본 일이 있다. 물론 같은 발상에다, 평소 잠재의식이 그렇게 나타난 거라고 보면 될 것이다.

여기에서도 친구들의 대답은 심드렁했다. 이미 저쪽으로 기울어져 바로잡기(?)는 물 건너간 상태가 분명했다. 그중 한 친구는 이런 말까지 보탠다.

"야, 이 사람아. 그건 아무것도 아니다. 요즘은 채널 가운데 개만 보는 방송이 있어, 아침에 출근하면서 개한테 그걸 틀어놓고 나간단다. 그러면 개가 혼자 종일 들랑날랑 하면서 그걸 보고 지낸대."

"뭐라고."

아닌 게 아니라 기절초풍할 노릇이다. 이야기는 갈수록 점입가경이다.

채널이 65번인데 dogTV란다. 현재 가입자가 3만 명이 넘으며 특히 그쪽 '먹방'에는 그들을 위해 만들어놓은 각종 통조림이랑 향신료가 등장하는데 우리네들 밥상은 거기에 비하면 정말 개차반이란다. 듣자하니 별놈의 이야기를 다 듣는다로만 치부해버리기엔 가슴이 답답하다.

개와 인간의 관계설정은 어디까지 갈 것인가. 개와 겸상兼床하는 것도 이젠 옛 이야기라는데 이쯤 되면 갈 데까지 다 간 것 아닌지 모르겠다.

개에 대한 이야기는 그 밖에도 많으며 어제가 옛날로 진화되고 있다.

보도에 의하면 우리나라의 반려견이 천만 마리라고 한다. 인구 5명 가운데 한 사람이 개를 키운다는 이야긴데 나 같은 사람한테는 그런 통계도 잘 안 먹힌다. 하지만 거기에다가 관련 산업도 1조 4천억이 넘으며 이 추세라면 2020년에는 6조원에 이른다는 예상이다.

개의 후각은 동물가운데서도 특히 뛰어나 의사가 진단하지 못하는 암세포를 찾아냈다는 의료전문학술지의 논문도 있는 모양이다. 그 발표를 보면 뇌의 크기는 인간의 1/10밖에 안 되지만 냄새를 찾아내는 단백질의 구조는 인간의 40배로 지금 그쪽으로 연구가 활발하게 이루어지고 있다는 이야기다. 그야말로 아무렇게나 봐 넘길 개코가 아닌 것이다.

그런가 하면 해마다 20만 마리의 애완견이 버려져 산으로, 들로 나돌아 다녀, 도축장으로 들어가 온갖 낭설을 양산하고 있으니, 악마는 돌아선 사탄이란 말이 무색할 지경이다. 언제부터, 어쩌다가 생겨난 말인지 모르지만 유기견遺棄犬과 식견종食犬種, 거기에다 또 반려견伴侶犬, 참으로 오묘하면서도 어리둥절한 개와 사람의 이중적 관계구조도 한번쯤 정리를 해볼 필요가 있지 않을까 생각해본다.

그러던 어느 날이다. 나는 지하철에서 또 한 번 유모차 행차를 하는 개를 만나야 했다. 이제 보니 그들의 유모차 행차는 나한테만 별난 거였지 관행으로 굳은 지가 꽤 되는 모양이다.

친구들과 같이 점심을 먹고 목적지로 가는 도중 하차역인 안지랑역에서 있었던 일이다. 승강기를 타는데 앞서 기다고 있었던 사람들이 많아, 그 가운데 유모차가 면적을 많이 잡아먹어, 우리는 일행이 5명인데 3명밖에 탈 수가 없었다. 그때까지만 해도 이상한 일은 어디에도 없었다.

승강기 문이 닫히고 막 출발할 무렵이다.

"어, 여기 강아지가 타고 있네."

한 아이의 입에서 나온 말이다.

그러자 탑승자들의 시선이 일제히 유모차 안으로 쏠렸고, 모두가 뜻밖이란 듯 눈알을 크게 만들어 굴렸다. 누구도 거기에 개가 들어 있다고는 생각 못했던 얼굴들이다. 유모차 주인인 30대 여인 혼자만 야릇한 웃음을 물었다. 다시 보니, 태연자약한 표정의 여인은 아이를 따로 하나 업고 있었다.

"세상에 또 빌노무 꼬라지를 다 보는구만."

우리 일행 중 하나인 오鳴의 입에서 튀어나온 말이다. 충분히 그의 입에선 그럴 소리가 나올 수밖에 없는 그런 직선적, 다혈질 인물이다.

"아자씨, 말씀이 좀 듣기가 그러네요."

여인이 발끈했다.

"듣기가 좀 그렇다니 그럼 당신이 잘했다는 거야. 개새끼 때문에 당연히 타야할 어르신들이 못 탔는데."

"좀 기다렸다가 올라오심 될 거 아네요."

"뭐, 이런 여자가 다 있어. 입만 열면 다 말인 줄 아나. 잘못을 지적해 줬으면 미안해 할 줄을 알아야제. 개새끼 때문에 탈 사람들이 못 탔는데도."

"그게 아자씨가 참견할 일예요. 내사 유모차에 아이를 태우거나 강아지를 태우거나 · · · ."

여자도 여간내기가 아니었다. 그만한 능력은 되니까 그렇게 다니 겠지만 아주 당당했다.

이내 승강기는 올라와 문이 열려 다행이었지, 아마 같이 있는 시 간이 길었더라면 참한 구경거리를 하나 연출할 뻔했다.

"참 누가 데리고 사는지 모르지만 골치깨나 썩이겠구먼"

"사돈 남 말하고 있네."

승강기를 나오면서 두 사람이 마지막으로 던져 나눈 이야기들 이다.

여자와 헤어지고 우리는 일방적으로 여자를 몰아세워(여자는 이 미 없고 우리는 한 패거리니까.) 신나게 성토를 했지만, 세상은 오 늘이 어제가 아니게 자꾸만 변해가고 있는데, 어디에다가 무게중심 을 두고 처신을 해야 할지 참으로 답이 안 나온다.

얼마 전까지만 해도 애견愛犬 쯤으로 돌아다니던 용어가 최근에 와서는, 그것도 업그레이드가 된 건지 반려견伴侶犬으로 바뀌어, 대 화에는 물론 당당하게 지면에도 오르내린다. 언감생심 어떻게 개한 테 '반려'라는 말을 쓸까, 내가 알고 있는 상식에 의심이 가, 무엇이 든 궁금한 건 국어사전과 협의해보는 성미라, 한번 들쳐보았다.

반려伴侶

　　1) (생각이나 행동을 함께하는) 짝이 되는 동무

　　2) 늘 가까이 하거나 가지고 다니거나하는 것을 비유하는 말


싱거운 짓을 한 번 더해 이번엔 '짝'을 찾아보았다.

짝

　　1) 둘이 서로 어울려 한 벌이 되거나 한 쌍을 이루는 것.

　　2) 한 벌이 되거나 한 쌍이 되는 것을 세는 단위,

# 그 사람 성은 '김이'요

연초에 우연한 자리에서 나누었던 이야기다.

자기가 생각해도 너무 어처구니가 없었던지 그 친구는 먼저 천장을 향해 실소失笑를 한바탕 쏟아놓고는 이야기를 꺼냈다.

"아 글쎄, 세상에 또 희한한 일이 다 있더구먼. 자기 성이 김이라는 거야."

"그게 무슨 소리여. 김 씨 성 가진 사람이 어쩐다는데····."

"김 씨 성을 가진 게 아니고 '김이'라는 성을 가졌다니까."

"김이?"

"왜 선우니, 사공이니 동방이니 하는 성씨 있잖아. 그런 것처럼 말이야."

"그런 성씨도 있는 모양이제."

"이 사람이 무슨 말귀가 이렇게 어둡나. 아버지한테 '김'을 따고 어머니한테 '이'를 따고 해서 그래 '김이'를 만들었다는 거야."

"그런 이름이 더러 있더구만. 크게 생소한 것도 아닌데 뭘."

"그 사람 성명이 '김이두식'인데 성과 이름을 구분하면 성씨는 '김이'고 이름은 '두식'이라는구만."

"그거 참 이야기 되네. 그럼 부모의 성씨를 각각 따서 지은 사람들은 모두 그렇다는 거야."

그때서야 한 사람이 화등잔 눈을 만들며 제대로 된 반응을 보인다.

그만 그때부터 자리가 시끌벅적하기 시작했다. 점잖게는 크게 놀랄 일도 아닌데 왜 그렇게 기고만장을 하느냐는 이야기에서부터, 심하게는 말세末世까지 등장시켜 이윽고는 '개판 5분전'까지 찾는다.

영도이씨의 시조공이라는 어떤 귀화한 방송인이 등장하는가 하면, 각각 다른 성을 가진 사람들이 한 솥 밥을 먹으면서 아버지, 어머니, 언니, 오빠하며 산 세상이 되었으니, 아니 오히려 그런 사람들이 능력자로 등장한 세상인데 우리가 이러쿵저러쿵 할 일은 천만에 아니라는 말도 나온다.

"코미디가 따로 없구먼."

"어디 세상에 코미디가 그거뿐이겠어."

하긴 이제 성 바꾸는 것쯤 다반사가 돼 버렸다. 내가 마음만 먹으면 언제든지, 어떤 성으로든지 바꿀 수 있다. 약간의 절차가 필요하긴 하지만 그건 하나의 형식일 뿐 내가 원한다면 얼마든지 가능한 일이다.

우리 속담 가운데 상대방을 가장 비하시켜 염장을 지르는 말에 '성을 갈 놈'이란 말이 있다. 이 말은 욕 가운데서도 가장 심한 욕으로 통하고 있다. 그리고 질책 가운데 심한 것으로는 '족보에서 빼낼 놈'이란 말도 있다. 이런 말들은 모두 상대방을 인격적으로 살상하는 것과 맞먹는 쌍욕이다.

한때 우리한테 성은 그 자체가 하나의 핏줄이었으며 반상班常을 나타내는 신분이었던 시대가 있었다. 그런 철옹성이었던 성이 너무 쉽게 허물어지고 있는 것이다. 철옹성 시절이 좋았다는 것이 아니라 그렇다는 말이다.

심지어는 오히려 그것을 기다렸다는 듯 새로운, 하나의 명예로운 탄생으로 호도하고 있으니 이를 어떻게 받아들여야할 것인가. 한때는 호적 역할을 했던 족보가 마침내 그 기능을 내려놓을 시점이 도래한 것이다.

내가 아무개 후손이라며 적반아장으로 덤터기를 해도 손을 찌르고 그냥 구경만 하는 수밖에 방도가 없다. 피는 물보다 진하다는 한 핏줄이 하루아침에 남남으로 되는 건 누구든 마음먹기 나름이다. 어찌 보면 또 하나의 역성易姓 역명인 천지개벽이요, 또 어찌 보면 대 약진의 기지개를 펴는 백화제방百花齊放의 광장이다.

국제결혼한 사람들은 상당수가 새로운 자기들만의 성으로 태어난다. 우리들 재래의 잣대로 잰다면 그들은 모두가 시조공이들이다.

지난날 우리들 시조공들은 대개가 신화의 주인공으로 존경과 신망의 우상이었다. 그만큼 신성시 했다는 말이다. 동성동본은 혼인이 안 된다는 게 모두 그런 것 아닌가.

성씨의 탄생은 사성賜姓이라고 해서 나라임금이나 할 일이지 아무나 할 수 있는 일은 결코 아닌 것이다. 그곳은 신성불가침 지역이다. 그런 신비에 싸인 영역이 우리들 성씨의 근본이다.

그런데 이제는 그 성역이 와르르 무너지고 있다. 시조공들이 우후죽순 격으로 생겨나고 있다. 참으로 이건 이런 식으로 입에 담는 것조차도 외람된, 안타깝고도 송구스런 이야긴데, 나 같은 사람이 마구 떠벌리고 있는 것이다.

이름 또한 마찬가지다. 작명에는 항렬行列이라고 해서 오행伍行에 바탕을 둔 서열이, 빵에 단팥처럼 당연히 들어가야 하는데, 그게 사라진지도 이미 아득한 옛날 일이다. 하긴 성姓이 무너지는 마당인데 이름이야 뭐 그리 대수인가.


이왕 시작한 김에 성과 이름이 같이 얽힌 이야기를 하나 해야겠다. 잘 아는 친구 이야기다.

출산은 앞둔 둘째 아들이 손자 작명을 원했다. 흔히 있는 일이고, 또 제 형의 아이들 이름도 자기가 지어주었고 해서, 알겠다고는 구상을 하고 있는데 며칠 뒤 다시 이번엔 며느리한테서 연락이 왔다.

"아버님, 우리 아이 이름은 그만 우리가 지을게요."

" · · · ?"

아니 이건 또 무슨 뚱딴지인가. 그렇다면 부부간의 상의도 없이 시아버지한테 부탁했다는 이야기가 된다. 그 사이 내외간에 좋지 않은 일이라도 생겨 불협화음이 일어난 건 아닌지, 그런 걱정도 안 해볼 수가 없다.

더군다나 둘째는 정상적으로 꾸린 가정이 아니다. 한 번 결혼을 했다가 실패한 사람을 아내로, 며느리로 맞아들인 것이다. 더군다나 계집아이까지 하나 딸린 여자로, 아이는 다 커서 초등학교 3학년이다. 저네들이 좋다고 아등바등 조르는 바람에, 요즘 자식 이긴 부모가 어디 있나 해서 허락한 것이다. 그러니까 이번에 낳게 되는 아이는 둘째로 남매를 두게 되는 셈이다.

"그럼 진작 그렇게 지을 일이지 나한테 부탁은 왜 했나?"

"아버님, 그건 아니고요. 제가 그 까닭을 말씀 올릴게요. 어제 애가 다니는 학교에 갔더니만······"

학교에 볼일이 생겨 들렀더니, 교실 게시판에 아이들이 전시한 그림이며 작문 따위가 붙어있는데, 거기에 딸아이의 이런 내용의 글이 붙어있더라는 것이다.

"며칠 뒤면 내 동생이 태어난다. 나랑 닮은꼴이었으면 참 좋겠다. 아빠 엄마는 동생 이름을 짓느라고 오늘도 이야기가 많다. 할아버지한테도 도움을 청하면서 왜 나한테는 한번 물어보지도 않을까. 내가 짓는다면 '김선우'라고 짓겠다. 내가 '김선주'니까 모르는 사람이 보더라도 친형제로 알 것 아닌가. 그리고 자기 이름을 누나가 지어준 걸 알면 동생도 무척 기뻐할 텐데. 아빠한테 한번 여쭈어보고 싶지만 야단맞을까 겁난다."

대충 이런 내용이라고 했다. 그래서 아버님한테 부탁해둔 것도 있지만 다 접고 딸아이가 원하는 대로 '김선우'라고 지어 딸아이의 원을 풀어주고 싶다는 것이다.

두 사람이 결혼한 뒤에도 한동안 전남편의 성을 그대로 두었는데 초등학교 입학하면서 '김'으로 바꾼 터, 그렇게 해줌으로 해서 나중에 혹 남매사이에 생길지도 모르는 틈을 메워준다면 그것도 하나의 사전 처방약이 되지 않겠느냐를 묻고 있음이다. 나름대로 애틋하면서도 일리가 있는, 거기에다 의미도 담고 있다.

"아범도 알고 있냐?"

"예 알고 있습니다."

"아주 잘 생각했다. 들어보니 감동이다. 내가 짓는다고 해도 그 이상은 힘들 것 같구나. 아주 그놈이 영특하구만.

"자꾸 성가신 일만 만들어 죄송합니다. 아버님."

"아니다. 그 얘기 참 잘 나왔다. 내가 눈물이 다 나올라 그러는구나. 그래, 그렇게 하자꾸나."

그렇게 해서 그들로 하여금 이름을 짓게 했다는 것이다.

그는 혼란스러운 가족사에 모처럼 스토리가 담긴 작명을 하나 남겼다며 가슴이 찡한 이야기를 하나 들려주었고, 자기 생애에 가장 잘한 일 같다며 나도 칭송한 일이 있는데, 솔직히 그렇게 탄생된 이름에는 감사에 감사를 거듭 쏟아 부어도 좋을 성 싶다.

세상에 영원한 것이 어디에 있을까만 우리들의 성씨가 그렇게 곤두박질 칠 줄은 정말 예전에는 미처 몰랐던 일이다.

'김'씨와 '이'씨에서 나온 사람은 '김이'씨라 치자. 그렇다면 다음 타자, '김이'씨와 '오윤'씨가 만나 결혼을 해 낳은 사람은, 물론 그런 식으로 성을 짓는다는 걸 전제를 하고 만든다면 어떻게 될까. 물어볼 것도 없이 '김이오윤'씨가 등장할 건 뻔한 것 아닌가. 또 한 분의 시조공이 탄생할 것도 지극히 당연한 일이고.

그 다음 3번 타자가 어떻게 나온다는 것도 짐작은 크게 어렵지 않다. 아닌 게 아니라 상상만으로도 얼마든지 가공할 일이다. 코미디에도 분명히 메시지는 있다.

그만 이쯤에서 상상의 날개는 접자. 어떻게 돌아갈지 아직은 더 두고 봐야할 일인데 나 혼자 망상으로 너무 설레발을 조장해 오두방정을 떠는 건 아닌지 모르겠다.

# 나는 허언증虛言症 환자

1970년대를 전후해서 2, 30대를 보낸 사람들은, 그중에서도 사내들은 모이기만 하면 곧잘 군대 이야기를 잘했다. 물론 군필軍畢한 사내들이다. 불침번 이야기, 기합 받은 이야기, 내무반 이야기 등 군 복무 중에 일어난 이야기들이 주종을 이룬 그 이야기를 서로가 침을 펄펄 튀기며 밤이 늦도록 주고받았다.

그때는 젊은이들이 외국에 자주 드나들 때도 아니고, 대외적 경험이라고 해봐야 군 생활이 큰 비중을 차지했기 때문에, 거기에다가 공통분모라는 공감대도 형성되고 해서 모두가 어슷비슷한 내용인데도 신나게 즐거울 수가 있었던 것이다.

나라고 예외일 수가 없다. 공군 출신이기 때문에 내 이야기는 그 가운데서도 좀 특이했다.

"대한민국에서 쫄따구로 제트기를 타본 사람은 아마 내가 알기론 나밖에 없다고 본다. 세이버 제트기 알지? F-86, 내가 그걸 타 봤단 말이다. 원래 전투기에는 조종사 한 사람밖에 못 타거등. F-86에는 F형과 D형 두 종인데 D형에는 좌석이 둘 있는 게 있다. 거기 뒷자리에 타봤다 아이라. 그 비행기에 테칸 27이란 송수신기가 장착돼 있는데 그게 고장이 난 거라고. 지상에서는 잘 되다가도 이륙만하면 그때부터 먹통이라 그 원인을 찾아내기 위해 내가 타게 된 거야. 홍 소령이라고 테스트 플라이(시험비행) 조종사가 있었는데, 그 양반이 날 보고 같이 타보자는 거 아니겠어. 내가 30150 주특기가 통신이잖아. 내가 근무한 비행단이 대구 동촌비행장인데 비행기가 뜨고, 2, 3분은 됐는지 모르겠다, 포항 앞바다라는 거야. 참 빠르지. 그때부터 그만 어지럽고 눈알이 빙빙 도는 게, 속도 울렁거리고, 내정신이 아니더라고. 통신기 점검한다고 타기는 탔는데 점검은 고사하고 내 몸도 못 가누겠더라니까. 구역질이 나는 게, 할 수 없이 덮어쓴 헬멧을 벗어 그 속에다 토해버렸잖아. 조종사가 이거 안 되겠다 싶었던지 바로 돌아서서 온 거야. 몰라, 하늘에 뜬 게 한 20분은 될지. 죽을 고생 한 번 했지. 우리 대대에 링크반이라고 조종사들이 훈련하는 조종석과 똑 같은 시뮬레이션이 있어, 그런 걸 두어 번 타봤기 때문에 괜찮을 줄 알았더니만, 그거 하곤 하늘과 땅이더라고. 정말 시껍을 하고 똥을 쌀 번했지만 좋은 경험 하나 했지."

나는 주로 이 이야기를 많이 했었다. 아마 가까운 내 친구들 가운데서 이 이야기를 들어보지 않은 사람은 거의 없을 것이다.

이제야 고백하지만, 그런데 그 이야기는 말짱 거짓말이다. 다른 사람들 보다 좀 더 특이하고, 근접하지 못할 빛나는 군대이야기를 찾다가 그런 창작품을 하나 만들어낸 것이다.

당시 내 이야기를 들은 친구들은 모두가 그 말을 곧이곧대로 믿었다. 공군에 입대(1962년 108기)한 것도 사실이고, 전투비행단에서 30150 통신특기로 라인(주기장)을 뛰어다니며 전투기 정비를 한 것 또한 사실로 바닥에 깔려있기 때문에 그게 통한 것이다.

이야기의 핵인 비행기를 탔다는 것만은 거짓말이다. 당시 우리 선임하사가 경험한 것을 듣고는 마치 내가 한 양 떠벌렸던 것이다. 한 번 더 말하지만 다른 사람들보다 우위를 점하기 위한 욕망의 발동이 그런 거짓말을 하도록 종용한 셈이다.

국한된 것이긴 하지만 거짓말도 해보니 처음 만들 때 가책 같은 것이 꼼지락거렸지 그 다음부터는 대수롭잖게 하게 되었고 회수가 거듭 되자 그때부터는 이상하게 그런 사실이 나한테 실제 있었던 일로 변해버려 리듬까지 타며 줄줄 나왔다. 마침내는 내가 거짓말 이야기의 주인공으로 어느 틈에 되어버린 것이다. 나도 이해하기가 어려운 그 진기한 현상에 나도 놀랄 수밖에 없었다. 참으로 괴이한 일이 아닐 수 없다.

내가 그런 현상이 허언증虛言症 증세란 걸 알았을 땐 이미 써먹을 만큼 다 써먹었고, 이제는 굳이 그런 말이 찾아갈 상대가 없어진, 최근에 와서야 모처럼 알았던 것이다.

허언증.

어떤 질환인가 해서 여기저기 찾아보고 알아보았더니 꼭 내가 행동하고 느낀 것이 그대로 다 거기 들어 있었다. 남보다 우월한 자리를 점령하고 싶어하는 욕망이 만든 착각이라는 것도, 나중에는 내가 직접 경험한 일로 변해 있는 것도, 어떤 죄의식을 못 느낀 것도 모두 흡사했다.

그런 일은 모두 사술詐術이나 기만欺瞞을 수단으로 하는 범죄가 목적임으로 거기엔 당연히 피해자가 있어야하는데, 그게 없었던 게 그나마 다행이었다. 하긴 단순한 정신적 만족을 얻기 위한 것이지 물질적 이득을 노려 한 일은 아님으로 그런 불미한 일은 일어날 수가 없었겠지만 말이다. 이리저리 꿰맞춰보니 비록 범죄는 아니지만 신경계통의 질병인 것만은 분명한 것 같아 이제는 다 끝난 일이라 그나마 잘 넘겼다고 나를 타이르고 있는 참이다

앙드레 말로의 소설 〈인간의 조건〉에 주인공 가운데 한 사람이 허언증으로 허둥대는 사람이 있다.

거기에 등장하는 사람들이 대부분 저마다 독특한 집착으로, 삶과 죽음에 대한 고독과 불안 속에서 그것을 극복하기 위한 안간힘으로 살아가는 사람들이지만, 그 가운데서도 클라피크는 "고통을 부정하는 사람들을 대하니 어쩐지 오히려 비통한 생각마저 든다"며 중언부언하는 모습이 나온다.

정말 허언증이 삶을 부정하는 방법의 하나로 표현될 만큼 무거운 것인지 그런 것 까지는 잘 모르겠다. 다만 내가 경험한 것 하나로만

미루어 짐작한다면, 나한테는 대수롭잖은 일 같은데, 그런데 그런 걸 사람들은 질환으로, 심지어는 하나의 범죄로까지 인정, 격을 다르게 본다는 데는 놀라지 않을 수가 없다. 그러나 나는 그런 것보다 내가 뱉은 말이 비중 있는 내용이어서 그 말로 인해 세상이 혼란스럽다면, 그거야말로 범죄가 아닐까 생각해본다.

이제 다 끝난 거니까 그 일은 매듭을 짓고, 다른 이야기를 하나 해보자. 이번 이야기는 실제로 있었던 일인데 40여년을 숨기고 살아온 이야기다. 하나의 고해성사로 본다면 둘 다 같은 맥락은 아닌지 모르겠다.

1975년, 당시 우리나라에는 '아모레'와 '줄리아' 화장품이 양대 산맥을 이루고 있었는데, '줄리아' 화장품이 진일보를 노려 '꽃샘'으로 변신하면서 그 기념의 하나로, 여성을 대상으로 글을 모집한 일이 있었다. 상금도 꽤 컸다.

그때 나는 아내 이름으로 시를 응모한 일이 있었는데 뜻밖에도 그게 대상으로 뽑힌 것이다. 전국에서 1,522명이 응모를 했다. 심사위원장은 미당 서정주 선생이었다.

물론 응모한 사람들의 목적은 입선하는데 있고, 그중에서도 서열이 높으면 그만큼 비례해서 기뻐해야하는 것은 지극히 당연한 일이다. 그런데 도리어 대상이 큰 걱정을 만든 것이다. 자격이 여성인데 남자가 응모했기 때문이다. 여기저기 신문사에서도 전화가 걸려오고, 〈心像〉이란 박목월 선생이 발행인으로 된 시 전문잡지사에서는 시인으로 등단시켜준다면서 연락이 왔다.

아내한테 사전 협의도 없이 응모한 것이라 어떤 반응이 나올지 그것도 의문이다. 처음 내 의도는 가작을 여러 명 뽑는다니까 그런 데나 얹혀 화장품 세트나 하나 받으면 목적은 달성한 거라고 대든 일이다. 더군다나 시상식은 서울 YWCA회관에서 낭독회를 겸해 문화행사의 하나로 성대하게 치른다고 했다.

도리 없이 아내와 상의를 했다. 생각 밖으로 아내는 긍정적으로 받아들였다. 경북여고가 어떤 학교인데 내가 폼으로 나왔느냐며, 나도 안 해서 그렇지 마음만 먹으면 당신만큼은 할 수 있다면서, 잘됐다고는 같이 가자고 했다. 아주 문외한이 아닌 것은 알고 있지만, 어쨌거나 염려하든 걱정은 안 해도 되었다.

시상식날 젖먹이 막내를 데리고, 당시 같이 지내고 있던 여동생과 같이 명동 YWCA회관을 찾았다. 행사진행 사회자는 우리한테 화면으로 익숙한 차인태 아나운서가 맡아했다.

아내는 단상에 올라 몇 번인가 연습을 한 시 〈거울 앞에서〉를 이윽고 낭송했다. 아늑한 피아노 선율을 배경음악으로 삼아 아내의 목소리가 낭랑하게 번졌다. 불안은 처음부터 따라다닌 것이었지만 빼곡한 대강당에서 시골 촌사람이 만들어낸 연출로는 자못 흥분됨도 조금은 자랑스러웠다.

서정주 시인의 선후평도 그렇지만 낭독을 마친 아내와 나눈 이런저런 이야기들도 가관이었다. 내가 걱정했던 건 모두 기우였다.

그러나 누구한테든 양심은 다 있는 것. 남을 속인다는 건 괴로움이다. 행사 뒤 만나자는 기자들과 약간의 해프닝도 있었지만 그런 것 까지는 어쩔 수가 없었다.

나는 이 이야기를 40여 년 동안 숨기고 살았다. 입에 담기가 부끄러웠기 때문이다. 아무도 알아주지 않는 이름이지만, 그렇더라도 이름에 먹칠 하기는 싫어서다. 이런 이야기는 무덤까지 감추고 가야하는데, 무덤이 머잖은 곳이 있는 것 같아, 고해성사하는 기분으로 여기에다 털어놓는다.

앞에서 말한 허언증이 질환이라면 이것 또한 질환은 아닌지 모르겠다. 증세는 그거나 이거나 트랜드만 다를 뿐이지 남을 기만하고 있다는 점에서는 하나도 다를 게 없으니 말이다. 다 털어 놓으면 기분이나마 좀 홀가분할 줄 알았는데 이건 그것도 아니다.

기왕에 털어놓는 것, 그때 발표했던 그 시 〈거울 앞에서〉도 같이 털어놓아 이야기를 만들자.


그것은 누구와의 만남입니까?
지금 비로소의 꽃이지만
나는 치자梔子 빛 저고리를 마련하지 못했습니다.


그것은 늘 혼자서 있는
화가 〈루오〉의 손이기도 하지만
삼신 할매의 약손일 수도 있습니다.
새벽녘 물동이에 담겨온 해돋이가

내 손금을 잠들게 하고 있습니다.


미욱하나마 지순한 탑 위로
신라적 해와 달이 이울고 있습니다.
당신의 해몽을 달래어
오월을 무늬 놓아 도자기를 구워내던
아, 청자 밑에 고여 있는 거문고 소리…
지금 당신은
나 안에서 나를 열고 있습니다.


그것은 믿을 수 없을 만큼의
축원일 수도 있지만
나의 긴 밤기도 위에서 금환식金環蝕으로 있는
풋풋한 초경일수도 있습니다.


한번 가져 보지 못한
갓 피어난 색으로만 넘친 정원
오랜 영혼의 내 사랑아
…꽃샘
쪽박으로 당신을 퍼 올리고 있습니다.


계절은 울타리 너머 해바라기를 키우고

나는 손마디를 뚝뚝 꺾으며
오선지로는 메울 수 없는
길러길러 천년을 길러도 마르지 않는
찬란한 화음을 옷섶에 달고
종일토록 까만 꽃씨를 가려 모읍니다.


나는 당신을 마주하고 있지만
그것은 누구와의 만남입니까?


-1975년도 화장품 홍보지 '꽃샘'과 시 전문지 '心像'에 게제

# 태공망太公望을 그리며

내가 사는 아파트 옆으로 금호강錦湖江이 흐른다. 보洑로 강을 막아놓아 호수처럼 사시장청 물이 그득하게 실려 있다. 우리 집 7층 베란다에서 내려다보면 제법 자연경관이 괜찮다.

무시로 떠다니는 청둥오리 떼들이라든지, 저물녘 붉은 노을이 낙조로 강물에 빠져 떠내려가고 있는 것을 보고 있노라면, 도시 속 전원 같은 정감을 한 번씩 불러내기도 한다. 그 위를 사선으로 경부고속도로의 다리가 놓여있어, 물속에 잠겨있는 그 모습도 장관이다. 이름처럼 비단을 펼쳐놓은 호수에다 비교하기는 좀 그렇더라도 나름대로 이름값 반은 한다고 본다.

나는 틈만 생기면 운동 겸 산책삼아 곧잘 이 강둑을 거닐곤 한다. 둔치 중간에 운동시설을 만들어놓아 그쪽으로도 손색이 없다. 사시장철 아파트 사람들은 물론 이웃마을 사람들까지 쏟아져 나와 이곳에서 여가시간을 즐긴다.

이런 곳에 낚시꾼이 빠질 턱이 없다. 거닐다 보면 한눈에 10여명이 넘는 꾼들이 들어올 때도 있다. 한 사람이 대여섯 개의 낚싯대를 드리우고 있는 사람이 있는가 하면 텐트를 쳐놓고 아예 그곳에서 온밤을 새는 사람도 있다.

그곳을 지나다가 가끔 그들 옆에서 구경을 할 때가 있다.

낚시꾼들의 행태도 각양각색이다. 낚싯대만 담가놓고 고기야 물든 말든 자기네들끼리 수작으로 시간을 버리는 사람들이 있는가하면 종일 비워놓는 곳도 보이고, 입질이 안 좋은지 한 곳에 잠시를 못 붙어있고 여기저기 쏘다니는 사람들도 물론 있다.

그 가운데는 릴낚시를 하는 사람도 섞여있다. 룰러라는 작은 고기모양의 미끼를 단 낚시를 수심이 깊은 고속도로 교각 밑으로 던지고는 열심히 릴을 감는다. 그러면 그게 진짜 고기인줄 알고 큰놈이 덥석 문다고 한다. 낚시를 잘 모르는 우리 같은 사람들한테는 산 교육장이다.

하루는 한 중년 옆에서 릴낚시를 구경하게 되었다. 연방 낚시를 던졌다가 거두었다가 헛손질을 하더니만 마침내 한 마리가 물었다. 끌려오는데 보니 첫눈에도 월척은 수월한 듯 뵌다. 구경을 하는 데에도 괜히 흥분되는 기분이다.

그쪽으로 이력이 붙어 그렇겠지만 중년은, 그러나 태연했다. 그런데 다음 동작이 나를 어리둥절하게 했다. 중년은 고기를 낚시에서 빼내더니만 휴대폰을 꺼내 사진을 한번 찍고는 다시 물속으로 던져버리는 게 아닌가. 그 행동 또한 많이 해본 솜씨로 그렇게 자연스러울 수가 없다. 내 눈에는 천만뜻밖 기상천외의 작태였다. 오랜 시간을 애써 잡은 고기를 그렇게 쉽게 되살려주다니, 도대체 이건 무슨 짓거리인가. 한번 안 물어볼 수가 없다.

"아니, 잡은 고기를 왜 놓아줍니까?"

" · · · ."

그는 나를 보고는 씩 웃는다.

"수입종이라서 그럽니까?"

한 번 더 물어보았다. 조금 전 그는 고기를 낚시에서 분리시키면서 베스라는 수입종이라고 중얼거리는 걸 언뜻 들었기 때문이다. 들은풍월에 베스는 맛도 없을뿐더러 생태계를 어지럽힌다는 이야기가 있다. 그렇다면 살려줘도 안 될 일이다.

"그런 거는 아니고요."

그의 대답이었다.

" · · · ."

이것도 들은풍월인데 수질이 좋지 않아 잡더라도 자기네들은 안 먹고 시장 상인들한테 판다는 이야기가 있어, 그런 것과도 연관이 있지 않을까 생각해보면서 다음 이야기를 기다려본다.

"고기를 잡으러 온 게 아입니다. 그냥 · · · ."

그는 또 한 번 씩 웃는다.

어리둥절할 수밖에 없다. 주변에 망태기가 없는걸 보면 낚시의 목적이 고기를 잡는데 있지 않다는 것이 확실했다.

또 살다가 희한한 사람을 다 본다. 낚시꾼이 고기를 잡아가질 않는다면 뭣 때문에 그런 시간과 정성을 낭비를 하는 것일까. 내 상식으로 답이 나오질 않는다.

그러면서 그는 다시 릴을 태질 하듯 머리위에서 두어 바퀴 돌려서는 다리 밑으로 던져 넣었다. 낚시 줄에서 쌩~ 하는 거문고 울림이 흐른다. 강태공의 이야기가 떠오른 것은 그 울림이 사위어들 무렵쯤이다.


강태공이 위수渭水에서 낚시를 하고 있다. 그때는 태공이 되기 전이니까 강상姜尙이다. 어느 날 서백西伯(뒷날 주나라 문왕이 됨)이 그를 발견하고 접근한다. 그때 그는 낚시가 없는 줄(곧은 낚시라고도 함)을 물에 담가 놓고 시간을 낚고 있었다. 말하자면 고기를 잡는 게 아니라 때가 오기를 기다리고 있는 참이다.

그때 그의 나이 여든. 국어사전에 나오는 궁팔십달팔십窮八十達八十(여든까지 어렵게 지냈으나 그 여든에 기어이 뜻을 이루었다)이 거기에서 나온 말이다.

서백의 눈에 든 그는 곧 무왕(서백의 아버지)의 책사로 등용, 상(은)나라를 치는데 공신이 되었으며, 뒷날 그 은공으로 산동성 땅을 봉분 받아 제齊나라를 세우고 시조공이 된다. 그의 별호 태공망은 무왕의 바라던 사람이라고 해서 그의 아호인 태공太公과 바램(望)이 만들어낸 별명이란다.

3천여 년 전에 태어난 그는 139세를 살았으며, 많은 일화를 남겼다. 그 가운데서도 그가 지은 병서 〈육도六韜〉의 마지막 장에 나오는 이 말은 중국 역사상 정치가들한테 가장 큰 영향력을 준 말로 알려져 있다.

"천하는 한 사람의 천하가 아니라, 세상 사람들의 천하임으로 그들과 이익을 같이 할 수 있는 자만이 천하를 얻을 수 있다天下非一人之天下, 乃天下人之天下也, 同天下之利則得天下."

또 이런 이야기도 전해온다. 그가 성공을 해서 수레를 타고 시가를 거닐고 있을 때, 가난 때문에 그를 버리고 떠난 부인 마馬씨가 그에게 다시 접근, 지난날 과오를 뉘우치며 같이 살자고 애원했다. 그러자 그는 복수불반분覆水不返盆(엎질러진 물은 그릇에 다시 담을 수 없다) 이라는 글을 써놓고 거절했다고 한다.

제갈량, 한신과 더불어 중국의 삼대 책사策士로 꼽는 강태공은 오늘날 우리한테도 기다림을 미학으로 승화시킨 '인생은 바로 타이밍'이란 교훈을 일깨워준다.


그 중년에 대한 환상이 여러 가지 그림으로 머리에 남아 나를 어지럽게 만들어 놓는다.

단순한 낚시꾼에서, 실직으로 그러나 가족한테는 못 털어놓고 이곳에 와서 시간을 보냈다가 퇴근시간에 맞춰 귀가하는 쫓겨난 월급쟁이에 이르기까지, 별의별 생각을 다 해본다. 그 가운데는 노숙자도 들어있다.

행색 그대로 낚시꾼이라면 당연히 고기를 잡아야 한다. 사람을 잘못 봐서 그런지 모르지만 내가 본 그 중년은 강태공도 아니다. 강태공으로 보기엔 나이가 턱도 없이 모자라고 분위기도 엉뚱하다. 그날 하루만 보았다면 또 그런가 해 넘어가겠는데 그쪽을 지날 때마다 한 번씩 마주치니 더 성승성숭하다. 심하게는 도대체 저 사람은 무슨 배짱으로 저런 무위도식無爲徒食으로 살고 있을까 싶은 생각마저 든다.

낚시를 예찬하는 말 가운데 삼공불환차강산三公不換此江山이란 말이 있다. 낚시의 고상한 즐거움은 정승들 자리와도 바꾸지 않는다는 이야기다. 하긴 바다낚시에 빠져 악천후도 마다않고 즐기다가 불상사를 당하는 사람들을 보면, 아닌 게 아니라 그 사람들한테는 충분히 통하는 이야기다.

사나흘 뒤 나는 그 중년을 또 만났는데 그때도 그의 행동은 하나도 변하지 않았다. 일부러 고기를 잡을 때가지 옆에서 죽치고 앉아 기다려 보았는데, 여전히 그는 잡은 고기를 사진 한 컷으로 처리하고는 물속으로 던져버렸다. 여러 번 보아 그런지 그저 그런가보다는 생각밖에, 그때부터는 별로 이상하게 보이지도 않았지만, 어쨌거나 요상한 일만은 분명하다.

한 번 더 그런 관계를 물어보고 싶었지만 참는다. 괜히 실없는 사람이 되는 것 같은 생각이 들어서다. 거기에도 분명히 까닭은 있을 것이다. 세상에 명분 없는 일이 어디 있던가. 어떤 사람은 낚시를 예술이라는 사람도 있다. 하긴 고스톱도 잘만 두드리면 예술이라는 세상인데 그런 것 가지고 예단할 일은 천만에 아니다.

그 중년 낚시꾼이 이번엔 강태공이 아닌 또 하나의 새로운 전설을 만든다면, 글쎄 그 소식을 한번 기다려본다.

궁팔십 달팔십이 그 중년한테는 너무 멀리 있지만 기다림도 하나의 능력이라고 미화시킨 사람도 있지 않은가.

# 아파트에도 골목이 있다

"할아버지 골목이 뭐예요?"

모처럼 들린 손자의 뜬금없는 질문이다.

"골목이라니, 어디서 들었냐?"

"방금 할머니가 그러셨잖아요."

그러고 보니 아내랑 나누는 이야기 속에 골목이 들어있었다. "우리 골목에 고양이 키우는 사람이 없을 텐데 고양이 소리가 어데서 났는지 모르겠네", 조금 전 아내가 한 말이다. 아파트에서 태어나, 아직 단지 밖을 벗어나보지 않은 녀석한테 골목은 분명히 낯설게 들렸을 터.

우리 아파트 사람들은 계단을 골목이라고 부른다. 같은 출입문과 같은 계단을 이용하는 15층의 30세대를 '한 골목 사람들'이라고 부르고 그밖에도 '골목 반상회', '골목 아주머니들' 등, 곧잘 골목을 넣어 이름을 붙인다. '1문 골목', '2문 골목'해서 다른 곳과는 구분도 한다.

아파트 생활을 수십 년 했지만 계단을 골목이라고 부르는 건 나도 여기 와서 처음 듣는다. 누가 붙인 건지는 모르지만 어색하긴 해도 계단보다는 낫다는 생각이 들어 우리도 따라 쓰고는 있는데, 막상 따지고 보면 골목과는 거리가 멀다. 그게 계단이지 어떻게 골목이란 말인가. 더군다나 계단 구비길 마다에는 '비상구'로 명칭을 분명히 표시해 놓았다.

승강기가 고장이나 나면 모르지만 그쪽으로는 사람이 내왕하지도 않는다. 사람이 다니지 않는 골목이 있을까. 거기 붙여있는 말 그대로 그곳은 비상통로일 뿐이다.

그 용도도 골목과는 거리가 멀다. 구석구석이 자전거, 휴지통, 배달해 먹은 빈 자장면 그릇, 이런 허접스런 물건들이 무질서하게 나와 있어 어지럽다. 골목이라기보다 뒤안길이라면 차라리 모르겠다. 그런 아파트 계단을 아직 학교에도 안 들어간 녀석한테 골목으로 끌어들여 설명하려니까 힘이 안 들어갈 수가 없다.

"골목이라는 건 사람들이 사는 동네 가운데로 난 작은 길을 말하는데, 거기에는 강아지도 뛰어놀고····."

녀석이 고개를 끄덕이긴 해도 쉽게 받아들여지지 않는 모양이다. 아직은 그럴 수밖에 없는 나이다. 진짜 골목이 있는 곳에서는 살아 보지 않아 더더욱 설명이 난감하다.

골목을 생각하면 먼저 떠오르는 게 어렸을 적 집성촌을 이루어 옹기종기 얼려 살았던 고향마을이다. 네 집, 내 집 사이를 이리 구불, 저리 구불 이어진 통로가 골목이다.

정감 넘치는 추억의 산실이 그곳 아니던가. 돌담위로는 하얀 박꽃이 누구한테 들킬까봐 제 잎으로 얼굴을 가린 채 오가는 사람들을 몰래 기웃거렸고, 가을이면 돌담 너머로 주렁주렁 달린 똬리 감이 인물을 자랑하던, 마치 꽃병풍 속을 연상케 하는 고샅길. 담 모퉁이 마다 사람들의 눈을 피해 앉은뱅이 질경이랑 민들레가 저네들끼리 소꿉살림을 차린 곳이 내가 살았던 마을의 골목이다.

초여름이면 감꽃을 주우러 남 먼저 일어나 이집 저집 드나들었고, 가을이면 떨어진 감을 줍기 위해 또 그렇게 뛰어다녔던 곳. 동무들과 어울리면 숨바꼭질이며, 비석치기, 자치기로 해빠지는 줄 모르고 놀았던 곳이 그곳이다.

징집영장을 받은 삼촌이 '북진통일'이란 머리띠를 두르고 마을 사람들의 눈물 찍어내는 환송을 받으며 떠나던 곳도, 남색저고리에다 분홍치마를 입은 막내숙모가 가마에서 내려 짚단 불을 조신하게 타넘어 바깥마당 초례청으로 들어오던 곳도 골목이다.

나무꾼을 가장한 한 사내가 나지막한 돌담을 기웃거리며 뒷집 누나한테 장가들겠다고 염탐하러 왔다가 들킨 곳도 골목이고, 기울어져가는 하루해를 엿판위에 뉘어놓고 구멍 난 양은 냄비나, 짝 잃고 돌아다니는 고무신을 찾는 엿장수 할아버지의 목쉰 가위질이 울리던 곳도, 동동 구리무(크림)장수가 북을 동동 울리던 곳도, 새우젓

장수가 '강경 보리새우젓 사려!'를 외며 오락가락하던 곳도 골목이다.

그런, 골목은 온 동네의 정보가 살아 숨 쉬는 곳이다.

밤이면 삼희성三喜聲이라 해서 신생아의 울음소리, 아낙네들의 다듬이소리, 아이들 글 읽는 소리들이 으슥토록 떠나지 않던 곳이 바로 우리네 골목이었다. 마을 입구에 수문장처럼 지키고 섰던 장승, 그 '天下大將軍(천하대장군)'의 부릅뜬 눈알도 쉽게 잊히질 않는다. 큰집 재실의 빗살무늬 담을 덮고 있는 능소화凌宵花는 여름 내내 골목을 온통 꽃단장으로 치장해놓았다. 하늘을 능멸하는 꽃이라는 이름과는 달리 그 꽃말이 너무 황홀하다.

"옛날 궁궐에 소화라는 한 궁녀가 살았느니라. 어느 날 밤 뜰에 바람 쐬러 나왔다가 임금님 눈에 띄어 그날 저녁 바로 성은을 입게 되었는데, 그날 이후로는 한 번도 임금이 찾아주질 않았는가 보더라. 아마 서둘러 만났다가 헤어진 일이라 사람 얼굴도, 이름도 제대로 기억해 두지 않았던가 봐. 그래서 소화는 여생을 임금을 원망하며 살다가 죽었는데 그 궁녀가 환생한 꽃이 바로 저 능소화란다. 저 꽃은 항상 울타리에만 붙어사는데, 그건 바로 담장너머 저쪽에 있는 임금님을 보기 위해 그렇단다. 전설이라고는 하지만 너무 애달프고 가련하잖니."

누구한테 들었는지 모르지만 그런 이야기들로 해서 고향의 골목길은 그려보는 것만으로도 가슴을 울렁거리게 만든다.

그러나 이젠 그런 골목길 풍정도 모두 옛날이야기, 진설이 돼버렸다. 엿장수 가위소리도, 능소화의 사연도, 외로운 마을지킴이 장 승도 우리들 가슴속에만 남아있을 뿐이다. '복숭아꽃 살구꽃으로 차린 동산'이 노랫말 속에만 살아있을 뿐, 이 세상 어디에도 없는 것처럼.

골목에 경운기가 드나들면서 뜯어고쳐 이젠 골목도, 신작로도 아 닌 농로라는 고약한 이름으로 탈바꿈 했다. 민들레와 질경이가 수 놓았던 길바닥은 버려진 깡통과 비닐조각이 뒹굴고, 이농으로 폐가 가 되어 허물어진 돌담 모퉁이로 흔적으로만 남아있는 골목은, 이 제 후진과 퇴영의 상징물이 되어 있으니 마냥 안타까울 뿐이다.

해장국 골목이니, 약장 골목이니, 점쟁이 골목이니 해서 곳곳에 새로운 이름의 기능성 골목이 등장하기는 했지만, 그리고 요즘 '올 레'라는 이름의 도시 주변으로, 언덕진 비탈길로, 강안의 둔치로 길 을 내어 또 다른 하나의 골목으로 변종變種이 태어나긴 했지만, 아 무래도 골목의 모태에는 거리가 멀 수밖에 없다.


아파트 계단과 골목.

어쩌다가 아래위 층이 내왕할 수 있는 비상통로 계단이 골목으로 태어났을까. 이를 어떻게 받아들여야 할지, 어설프고 안타깝다.

'마을 가운데로 난 작은 길'이라는 단순한 사전의 의미로도 그곳 은 분명히 골목은 아니다. 그러나 네 집, 내 집을 오가는 통로로 본 다면 그곳은 틀림없는 골목이다.

누구의 머리에서 나왔는지 모르지만, 달빛 한 점 찾아주지 않고,

바람 한 자락 지나지 않는 그곳을 그나마 골목이라 불러, 사라진 골목의 명줄을 이어낸 그 사람들의 마음씨가 새삼스레, 참으로 고맙고 살뜰하다는 생각이 든다.

'세상에 영원한 것은 없다'는 틀에 맞춰본다면 언젠가는 골목도 다른 모습이 바뀌어야 마땅하다.

요즘 지자체마다 난리를 치고 있는 '올레길'을 한번 보자. 내가 어렸을 때, 아니 어렸을 때까지 갈 것도 없다, 중년이 지난 뒤에도 구경은 고사하고 듣지도 보지도 못했던 이름의 길이 아니었던가.

세월이 흘러 먼 훗날, 손자 녀석이 내 나이가 되어있을 무렵에는 아파트 계단이 진짜 골목으로 변해있을지 모를 일이다. 그리고 그때쯤이면 그곳, 그 골목에도 새로운 애환이 서려있지 않을까 생각해본다.

# 제2부
## 도대체 나는 누구인가?

# 오른손이 모르는 일

보훈병원에서 있었던 일이다.

친지 문병하러 병실을 들렀다가 모처럼 만난 친지들과 바로 헤어지기가 뭣해, 별관 휴게실로 나와 자판기 커피를 빼들고 이런저런 이야기를 나누고 있는데, 건너 쪽에서 낯익은 얼굴 하나가 보였다.

친구 S였다. 그와는 재직 시 오랜 직장 동료로, 정년퇴직 후에도 동우회를 통해 자주 만나고 있으며, 두 달에 한번 씩 정기적으로 만나는 같은 계원이다.

그는 환자를 태운 휠체어를 밀고 신관 병동에서 나와 이웃 매점으로 가고 있었다. "가까운 사람 문병을 와서 저렇게 도와주는 갑다" 나는 속으로 그런 생각을 하면서 손을 들어 수인사를 하고, 친지들과 헤어져 나오면서 다시 그를 찾았다. 자주 대하는 친구지만 그런 데서 만나니 그것도 새삼스러웠던 것이다.

그는 휠체어 환자의 일을 도와주며 이야기를 나누고 있다가 나를 맞아주었다.

"문병 온 모양이제."

내 느낌대로 인사 겸 묻는다.

"문병 온 거는 아이고‥‥. 여게 한 달에 한번 씩 놀기 삼아 그래 들리는 기 있다."

약간 쭈뼛거리다가 내뱉는 그의 대답이다.

"놀기 삼아 들리다니?"

"머, 그런 기 있다. 그래만 알게."

그는 계속 즉답을 피했다

"‥‥"

이 사람이 왜 이러지, 다음 순간 머리에 떠오르는 게 하나 있었다.

언젠가 그는 나한테, 마땅하게 할 일도 없는데 우리도 봉사단체를 하나 만들어 어려운 처지에 있는 사람들을 한 번씩 찾아보는 게 어떤지 제의한 일이 있었다. 그게 벌써 7, 8년 전 일이다. 관심 없이 던진 말이라, 확실한 기억은 나지 않지만 아마 "이자, 우리도 나이가 있는데, 그건 우리 스타일이 아니지" 이런 말을 내세우며 고개를 저었을 것으로 생각된다. 지금도 그 생각에는 변함이 없으니까 말이다.

그 뒤로 조용하기에 그것으로 모두 끝난 줄 알았는데, 그게 불현듯 스친 것이다. 그만 머리가 떵 했다. 아! 이 친구한테 그런 면이

있었구나, 같이 얼려 다녀도 나하고는 다른 구석이 있구나, 새삼스
레 숙연해지는 기분을 버릴 수가 없었다.

"···그래 이자 알겠다. 봉사활동 그거로구나."

내 이야기가 어눌할 수밖에. 다시 생각해보니 눈치가 없어도 한
참 없는 질문이었다.

그때서야 그의 이야긴 즉, 한 달에 한번 씩 이곳을 들러 활동이
자유롭지 못한 환자들의 시중을 들어준다면서 나한테 다 털어놓기
가 좀 뭣했던지, 그것도 시간이 날 때마다 찾는다고는 자기 행신을
축소시켜 변명 비슷이 꺼내 놓는다.

"···"

나는 고개를 끄덕이는 것만으로 그의 이야기를 받아들인다.

그의 봉사활동은 나한테 정말 뜻밖이었다. 우리 동우회(퇴직자
모임)의 회원 가운데 봉사단체를 만들어 활동하고 있다는 건 그전
부터 알고 있었으나 나와는 무관한 일이라 예사로 들어 넘겼고, 더
군다나 그가 그 일에 참여하리라곤 상상도 못했던 일이다. 그때 나
한테 그런 걸 한번 제의한 일이 있었으나 그 뒤로 조용하기에 그도
포기한 걸로 알고 있었던 것이다.

어쨌거나 나한테는 S가 놀랍고 존경스러웠다. 흔히 정치가들이
'존경하는 국민여러분···' 어쩌고 하는, 이건 천만에 그런 존경
이 아니다. 솔직히 나를 어리둥절하게 만든 진짜 감동이 꿈틀하는
존경이다.

"언제부터 했는데?"

한번 안 물어볼 수가 없다.

"쬐금 됐다."

나한테 그런 걸 제의한 게 언제 적 일인데, 쬐금 된 게 아니다.

"‧ ‧ ‧ ‧"

"그런 거 알 거 뭐 있노. 놀기 삼아 하는 건데. 매일 빈둥빈둥 노는 것도 지겹더라구, 그래서 ‧ ‧ ‧ ‧"

"‧ ‧ ‧ ‧"

말은 안 해도 나도 매일 빈둥빈둥 놀고 지내지만 나는 그 생각을 못한다.

"좀 부끄럽다. 이래 만났다는 게."

"‧ ‧ ‧ ‧"

사실 부끄러운 건 난데 상대가 부끄럽다고 민망한 표정을 만드니 내가 할 말이 없다.

여기에서 내가 말이 막힌 건, 봉사한 지가 어제오늘이라는 것보다 내가 왜 그 사실을 여태까지 몰랐을까에 있다. 우리 사이 친분으로 봐선 그런 일을 내가 모른다는 건 누가 들어도 말이 안 된다. 그렇다면 그동안 S는 그 사실을 숨겼을 것 아닌가. 그러나 그게 서로가 숨길만큼 그런 별난 일은 또 아닌 것이다. 그렇다면 이건 뭔가 말이다. 그걸 왜 숨겼지, 자꾸만 머리가 어수선하게 돌아간다.

그러나 그걸 찾아내는 데는 그렇게 오래 고민하지 않아도 되었다. 그는 나한테 다른 건 몰라도 그쪽, 다시 말해 근로봉사 쪽으로만은 입을 열지 않기로 작정을 한 듯 보인다. 어차피 안 될 일, 꺼내

봐야 서로 불편함만 쌓일 것 같아 아예 마음을 고쳐먹은 것 아니겠는가.

아마 내가 캄캄했던 것도 그런 데 까닭이 있을 것이다. 알아도 그만이겠지만 안다고 해봐 좋은 시선은 아닐 것 같고 해서 안 듯 모른 듯 지낸 것으로 짐작된다. 그는 내가 평소 알고 있는 사람과는 다른, 한 차원 높은 곳에 뜻을 두고 있는 사람임을 그때서야 알게 된 것이다.

나는 그가 성당에 다니는 걸 알고 있다. 그래도 그는 그런 표를 전혀 내질 않는다.

"나도 성당에 이름은 걸쳐놓았지만 마누라 때문에 그래 둔 거지 거기에 빠져 그런 건 아이잖아. 일테면 나이롱 신자인 셈이지. 설마 평생을 같이 살아줬는데 천당이 있다면야 날 내뿌리고야 가겠어. 그래 얹혀 지낸다이까."

종교 이야기가 나올 때마다 그는 곧잘 이런 식으로 한 번씩 농반 진반으로 중얼거리는데, 그것도 지금 생각해보면 나 같은 종교를 갖지 않는 사람들이 들으면 불편해 할까 봐, 나름대로는 배려해서 한 말임을 알게 된다.

나는 오늘 그를, 지금까지 내가 알아온 S와는 다른 S로 본 것이다. 그리고 그의 마음속에 비쳐진 내 모습이 어떠했다는 것도 충분히 알 수가 있었다. 그런 것까지 모를 만큼 내가 우둔한 사람은 아니다.

맹자가 말한 사단四端에 인의예지仁義禮智가 있다. 우리는 보통 이를 사례四禮라고 부르는데 측은지심惻隱之心은 여기에서도 첫머리에 나온다. 자기보다 어려운 처지에 있는 사람을 돕는다는 건, 성리학에서도 이러쿵저러쿵 말들이 많았지만 그러나 이는 하나의 학문적 논쟁이었을 뿐이지, 이를 마다할 사람은 사람 탈을 쓴 이상 없으리라 본다. 하지만, 그러나 이것도 하는 사람이 하지 누구나 다 하는 일이 아니란 걸, 모처럼 오늘 하나 배운다.

며칠 뒤 나는 S와 다른 장소에서 다시 만났다. 그날 병원에서 만났던 일이 등장하지 않을 수가 없다. 그만큼 그날 일은 나를 충격적으로 괴롭혔던 것이다.

"나는 자네를 다시 보기로 했다. 지금까지 잘 못 봤어. 정말 감동이다."

솔직한 내 생각을 털어놓았고, 그럴 수밖에 없었다. 고해성사에 준하는 기분이었다.

"씰 데 없는 소리‧‧‧."

그 특유의 겸양이 나온다.

"정말이다. 놀랬어. 그거 누구나 할 수 있는 일이지만 그렇다고 아무나 다하는 일은 아니잖아."

정말이지 괜한 추임새가 아니다.

"요새 남아도는 건 시간뿐이라 갈 데가 없어 그래 나가본 거야. 그런데, 그런 데 나가보니까 더러 재미있는 구석도 있더라."

그러면서 그는 이런 이야기를 하나 보탠다.

"침대에 붙어있는 명패를 봐 우리는 이미 다 아는데, 한번은 나보다 다섯이나 밑인 사람이 내 나이를 묻더라고. 아마 내가 염색을 하고 까무잡잡하니까 자기보다 한참 어리게 보였든가 봐. 덜 미안하라고 작년에 회갑을 넘겼다고 그랬지. 그랬더니만 이 사람이 뭐라는 알아. 참 한창 좋을 때구만 그러잖어. 또 어떤 사람은 골골 숨을 몰아쉬면서도 여자 봉사자는 없느냐며 찾는 이가 있더라고. 본능이라는 건 죽는 순간까지 붙어서 지분덕거리는가보지. 허허허허."

칠순이 다 된 그의 이야기가 빛을 쏟는다.

병원만 들리는 게 아니라 독고노인들을 찾아 도배 같은 것도 해주고, 거동이 불편한 사람들 목욕도 시켜주고 하는데 원호청에 등록을 해놓으면 상호간 관계를 고려, 선별해서 연락이 온다는 것이다.

"어제는 혼자 사는 할매 연탄아궁이를 하나 고쳐주고 왔는데, 이자 힘이 들어 이 짓거리도 몬하겠구만. 이왕 시작해놓은 일, 몸이 허락하는 날까지는 그냥 붙들고 있어야하는데, 모르겠구랴."

그러고는 씁쓰레하게 웃는다.

그 웃음 속엔 비록 우리가 친구인긴 하지만 이런 일은 서로 모르고 지내는 게 서로 편할 터인데, 어쩌다가 알게 되어 괜히 불편하다는 듯한 느낌도 받았는데, 나는 그게 몹시 서글프고 괴로웠다.

무감어수 감어인無鑑於水鑑於人, 자신의 모습을 똑바로 보려거든 물에 비친 모습을 볼 게 아니라 사람한테 비춰진 모습을 보라는 가르침이 울림으로 나를 으른다.

종심從心 나이가 마냥 부끄러울 뿐이다.

# 명품은 내가 만드는 것

〈하나〉

외출에서 들어오니까 아내가 혼자 싱글벙글하며 거실을 오락가락하고 있다.

"뭐 허는 거여?"

"신발 이거 어때요?"

다시 본즉 안 보이던 신발을 하나 신고 있었다. 그 신발이 자기한테 어울리는지 그걸 혼자 점검하고 있다가 나를 보자 물어보는 것이다.

평퍼짐한, 굽이 거의 없는 고동색 통구두인데, 콧등에는 마치 무화과를 밟아 붙인 듯한 모양을 낸 돌기물이 붙어있는, 티가 없는 평범한 신발이다.

"당신 좋으면 되는 거지, 언제는 나한테 물어보고 신었나."

아직 신발 때문에 나랑 의견을 나눈 일은 없음으로 대수롭잖게 받는다.

"재미상 없기는, 이녁한테 묻는 내가 잘못이지····."

대화는 더 진전 없이 거기에서 끝났다. 그런데 좀 뒤 자초지종을 알고 본 즉 거기엔 그럴 만한 까닭이 있었다.

2, 3주 전이다. 박근혜 대통령이 이곳 서문시장을 들렀다. 박 대통령은 이쪽을 올 때마다 민심 파악 차 서문시장을 곧잘 찾곤 했는데, 이번에도 그곳을 방문 한 신발가게를 들러 구두를 한 켤레 사 신었다.

그 뉴스는 나도 여러 번 보았다. 자신이 손수 골라서는, 그 자리에서 신고 있던 신발과 바꿔 신고는 직접 핸드백을 열어 계산하면서, 신발가게 주인과 이런저런 이야기를 나누는 장면이다.

"이제 저놈의 신발 불티나게 생겼구먼."

그때 같이 보던 아내가 뱉은 말이다. 그런데 그 신발을 어느 틈에 아내가 사가지고 와서는 혼자 난리법석을 피우고 있는 게 아닌가. 그런 신발이라면 한 번 더 봐주는 것도, 부부 사이지만 최소한의 예의고 관심의 표현이다.

"그게 박 대통령이 신은 신발이란 말이지."

"3만 8천원이래."

"별로 비싸지는 않네."

"오늘 가보니까 사람들이 줄을 섰더라고."

"그 구두공장 대박 한번 맞았겠는데."

"그날 대통령이 구두를 바꿔 신는 그 사진을 커다랗게 빼서 그게 걸어놓았더라니까."

"대통령이 고른 신발이 돼 그런지는 모르지만 보기도 괜찮은데."

"이왕 사는 거 두 켤레 샀다. 하나는 서울 동서同棲 줄려고. 이런 거라도 하나 보내주면 좀 안 났겠나."

"다른 사람은?"

"서울 동서는 환자잖아. 힘 좀 내라고 그러는 건데, 괜찮다."

요즘 서울 막내 제수씨는 대장암으로 투병생활을 하고 있는데, 우리 7남매 가운데 맨 나중 서열이 그러고 있어, 모두가 노심초사 걱정을 하고 있다.

"···잘했다. 그건 그렇고 당신한테도 잘 어울리는데."

돈 안들이고 표 얻는 게 그런 공치사 아니가. 대통령이 신는 신발과 똑같은 신발을 신는다면, 그러고 싶은 충동은 어떤 심리의 작용일까. 대리만족, 보상심리, 글쎄 어쨌거나 그렇다 치고, 좋은 쪽으로만 생각하자.

한 나라의 대통령이 선호하는 물건이라면, 더군다나 흔할 수가 없는 박근혜라는 여성대통령이 쓰는 애장품이라면 설령 그게 대단찮은 것이라도 명품 반열에 들지 않을까 생각해본다.

보도에 의하면 박 대통령은 올 여름 하기휴가를 청와대 안에서 독서와 하반기 정국구상으로 보냈다고 하는데, 그가 읽은 책 가운데는 임마뉴엘 페스트라이쉬가 쓴 〈한국인만 모르는 다른 대한민국〉이 화제에 오른 일이 있다. 내용은 5천년 역사 속에서 정체성을 찾아, 약소국 콤플렉스에서 벗어남은 물론 당당한 선진국으로 꽃피우자는 걸 독려하는 게 담겨있었다. 화제라기에 나도 잠깐 보았는데, 읽고 나서 독후감을 한마디로 한다면 타고르의 〈동방의 등불〉이란 시 한편을 일고난 뒤의 느낌과 비슷했다.

> 일찍이 아시아의 황금시대에
> 빛나던 등불의 하나, 코리아
> 그 등불이 다시 켜지는 날
> 너는 동방의 밝은 빛이 될지니

한 지도자로서 읽고 권하는 책으로는 딱 됐다. 그러나 나 같은 사람이 읽는 책으로는 천만에 아니다. 책에도 색깔이 있고, 품새가 있고, 메시지가 있는데 그건 독자가 선택할 일이다.

백락일고伯樂一顧라는 말이 있다. 백락이라는 천리마를 찾아내는 명마名馬 감별사가 있는데, 그가 시장에 나타나면 모는 사람들의 그의 표정을 놓지 않고 지킨다. 그가 눈여겨보는 말은 그 순간 천리마로 낙점을 받아 값이 천장을 모르기 때문이다.

이를 두고 뒷날 한유韓愈라는 시인은 세상에는 천리마가 많이 있지만 백락이 없으므로 그 말들이 제 구실을 못한다는 글을 남긴다. 감별사 한 사람한테 너무 의존한 병폐를 꼬집은 말이다.

해마다 하기 휴가철이 임박해 오면 출판가에서는 청와대 쪽으로 귀를 기울인다는 말이 있다.

대통령이 백락은 아닐 진데, 그리고 그가 읽는 책이 누구한테든 다 명품 노릇을 하는 건 아닐진대, 글쎄 세상이 어떻게 돌아가는지 모르겠다.

〈둘〉

어디에서 귀동냥 한 건지, 책에서 본 건지 기억이 아슴푸레한데, 이야기는 이렇다.

한 여자가 이탈리아 침대를 들여놓았다. 명품 침대를 이야기할 땐 꼭 이탈리아제가 등장하는데 그쪽 제품이라야 정말 명품인지, 하여튼 소문엔 그랬다.

여자는 자기가 이런 고급한 제품을 쓰고 있다는 걸 친구들한테 자랑을 하고 싶은데 그 방법이 얼른 안 나왔다. 남이 알아주지 않는 다면 그렇게 좋은 물건을 구입하지도 않았으리라. 그렇다고 침대를 들고 다니면서 자랑할 수도 없는 일이고, 방을 붙일 수도 없는 노릇. 이런 일은 부지불식간에 알려져, 그들로 하여금 움찔하도록 만드는 게 가장 효과적이기 때문이다.

이런저런 골몰 끝에 얻어낸 것이 환자로 가장, 친구들의 문병을 유도하기에 이른 것이다. 침대를 자랑시키자니 그 수밖에 다른 방법이 없다.

사람이 병으로 드러누웠다니까 친구들이 찾아간 모양이다.

그런데 거기에서 이상한 현상이 하나 일어난다. 누구도 침대 이야기를 꺼내는 이가 없었다. 윤기가 반지르르 흐르는 침대를 보고는 모두 껌뻑할 줄 알았는데 하나 같이 본숭만숭, 그쪽으로는 아예 운도 한번 떼지 않고 저마다 엉뚱한, 자기네들 이야기만 늘어놓았다.

한 사람은 다이아가 박힌 손가락으로 여기저기를 찍으며 히히덕거렸고, 또 한 사람은 새로 해박은 금니가 보이도록 웃을 일도 아닌데 연방 입을 소쿠리로 벌려 홍소哄笑를 쏟아냈으며, 또 다른 한 사람은 영하의 날씨에도 왜 이래 방이 덥냐며 앙가슴을 풀어헤치고는, 진주목걸이를 드러내놓고 떠벌린다. 모두가 하나같이 남 이야기에는 관심이 없고 자기 이야기에만 빠져 허덕거리는 게 아닌가.

세상에 이런 기똥찰 노릇이 있는가. 침대 쪽으로는 근방에도 얼씬거리지 않는다. 여자는 자기 계산이 잘못됨을 알고는 모든 걸 포기하고 친구들을 돌려보내기에 이른다. 그때서야 한 친구가, 그러나 그것도 침대를 꺼내는 게 아니라 생뚱한 곳을 헤집으며 묻는다.

"그런데 넌 어디가 아프니? 보기엔 멀쩡한데····."

여자가 눈썹춤을 추면서 떪은 목소리로 내뱉는다.

"너네들이랑 증세가 비슷하지 싶다. 혹 그런 게 있는지는 모르겠다만 명품병은 아닌지····."


〈셋〉

80년대 초 내가 KT 대구지사에 근무할 때 일이다. 초대 이우재 사장이 초도순시 차 대구를 방문했다. 당시 대구 지사장은 이용훈 씨고, 내가 그 밑에서 일을 보고 있을 때다.

방문 사나흘 전 지사장과 조율을 한다.

"여기서 1박을 하고 부산으로 내려가신다는데 방은 어디로 정하는 게 좋겠습니까?"

"금호호텔 다 지었지?"

당시 대구에서 가장 큰 호텔은 수성호텔과 금호호텔인데 금호는 재건축을 해서 그때 막 문을 열었다.

"오픈한 걸로 알고 있습니다."

"나중에 나랑 같이 한번 가보자."

일과 후 둘은 호텔로 향했다. 아직 곳곳에서 페인트 냄새가 살아있는 새 건물이다. 바로 VIP실을 찾았다. 회의실을 겸한 응접실이며, 별실도 하나 따로 따로 붙어있는, 그야말로 럭셔리한 호실이다. 34만원으로 당시 내 봉급 반쯤은 되는 것으로 기억한다. 지사장 한 달 판공비를 내가 집행하는데 20만원이다.

며칠 전에는 아무개 장관이 그곳에서 하루저녁을 묵었다고 안내가 귀띔한다. 누구 그림인지 모르지만 회의실에 걸려있는 고색창연한 동양화 한 폭도 은근하다.

"이 방으로 정하지. 우리 사장님도 장관급 아냐."

"그렇게 하시죠."

나는 어디까지나 졸병이라 시키는 대로 따르면 되는 것이다. 더군다나 사장은 우리 지사장의 생사(?)여탈권을 쥐고 있는 장본인인 바, 모처럼의 기회인지라 그런 쪽으로는 다다익선 아니겠는가. 당시 금호호텔의 VIP실이면 대구 시에서는 그 이상 명품은 없다고 봐야한다.

방문 당일, 지사 순시를 마친 사장은 지난날 자기랑 동고동락을 했던 이 지방 군부대 장성들을 한 음식점에 초청, 늦은 사각까지 그들과 같이 보내다가 자정이 다 돼서야 숙소로 돌아왔다. 군 출신으로 만단정회를 풀 수 있는 절호의 기회이기도 했겠지.

그때까지 나는 VIP실을 지키고 있다가 사장을 맞는다.

"아니 그런데 무슨 방이 이렇게 거창하나."

충분히 사장으로서는 그런 말을 할 수 있을 것이다. 속에 술이 한잔 들어가서 더 화려하게 보였는지도 모르리라.

"모처럼 오셨는데, 편하게 주무실 수 있는 방을 찾다가보니 ···."

지사장이 겸양을 내세운다.

"이거 VIP실 아냐?"

"예. 그렇습니다."

"어허 참. 잠만 자면 되는데, 아따 방이 너무 훌륭하구만. 그렇다고 지금 예약이 취소할 수도 없잖어."

말은 그렇게 해도 싫지는 않은 모양이다. 그런데 이어지는 다음 말이 걸작이다. 그때가지 집에 못 들어가고 같이 수행한 지사 간부들도 같이 있는 자리다.

"이왕 예약해둔 거라면 구처가 없구려. 그냥 자기로 하고, 그런데 오늘 여러분들은 집에 못 들어간다. 나랑 여기서 같이 지내자구. 여기서 보낸다고 해봐야 예닐곱 시간이면 그만인데, 눈감고 잘 바에야 이런 비까번쩍하는 방이 필요 없잖어. 뜬 눈으로 그 시간이나마 즐기다가 나가야지. 이치가 안 그런가요. 허허허.”

유효적절한 유모어를 썼다는 듯, 그렇게 던져놓고는 먼저 크게 웃는다.

“사장님이 원하신다면 그렇게 하겠습니다.”

지사장의 아유구용 화답으로 엉거주춤한 웃음이 흐른다.

VIP실의 시설과 분위기를 한 번 더 둘러본 뒤 사장은 또 한 번, 이번엔 농弄을 걷어내고 이른다.

“값도 수월찮지 싶은데 이거야 말로 엄청난 낭비다, 그쟈. 임자를 잘못 만났구만. 한나절이라도 들어앉았다 간다면 회의도 한번 해보고, 목욕도 좀 하고 해 덜 아깝겠는데, 이건 그것도 아니잖아. 또 얘기지만 눈감고 잠시 들어 누었다가 나가는 거 아냐. 나도 공범이긴 하다만, 우리 다 같이 한번 생각해볼 일이구만.”

아무래도 대여섯 시간이면 되는 짬을, 그것도 눈감고 잠으로 보낸다고 생각하니, 기본 양심은 다 있기 마련이라, 자기가 값을 치르는 게 아니라도 아쉬운 모양이다.

“죄송합니다. 사장님.”

모처럼 낸 생색이 조금은 부담으로 안겼든지 지사장이 매무새를 고치는 몸시늉을 만든다.

그러나 어쩌랴. 누구든 그런 말은 다 할 수 있지만, 그리고 다 알고 있지만, 아무도 그렇게는 못하는 것이 현실인 데야.

〈넷〉

"아버지, 이거···. 지난주에 저 중국 출장 갔다 왔습니다. 구찌라고 들어보셨죠?"

막내가 선물이라면서 조그만 상자를 하나 내놓는데, 뜯어보니 까만 색 벨트와 지갑이 들어있다.

"구찌라 그랬나?"

"예."

"들어보긴 했다만 구경은 첨 한다. ···비쌀 건데, 앞으로는 밖에 나가더라도 일이나 제대로 보지, 이런 일엔 신경 쓰지 말도록 해라."

빈 소리나마 부모로서 겸양을 뺄 수가 없다.

구찌라면 이른바 명품 아닌가. 생후 내가 직접 내 물건이라고 만져본 건 처음이다.

자식이 꺼내놓은 모처럼의 선물이라 그런지, 그렇지 않아도 윤기가 반짝반짝하는 게 귀티가 나는데다가, 구찌라는 말이 들어가자 한층 더 고상해 뵈는 게, 참기름 통에서 막 건져낸 물건 같다.

내가 신기해서 정신없이 매달리는 게 부담이 되었던지 한참 뒤, 그때서야 실토하듯 다음 이야기를 꺼낸다.

"아버지, 실은 이거 짝퉁입니다. 진짜의 십분의 일 가격도 안 됩니다. 그러나 진짜하고 똑 같거든요. 자식이 출장 선물로 준 거라면서 아버지가 갖고 다니시면 아무도 모릅니다."

짝퉁이라는 말에 그만 기분이 반감으로 뚝 떨어진다. 그러나 막내는 그게 이미 생활화가 돼 그런지, 모처럼 선물을 가짜로 준다면 아무리 상대가 만만한 부모라도 조금은 가책이 들만도 한데, 전혀 내색이 없다.

그러나 어쩌랴, 이왕지사 그렇게 된 거 같이 싸잡혀 돌아가는 수밖에는.

"우리가 쓰는 거 아무려면 어떠냐, 됐다."

"이런 거 제대로 구분하는 사람도 잘 없습니다. 전문가들도 속아 넘어가는데요, 뭘."

이런 선물은 짝퉁이 당연하다는 듯, 듣자하니 서글픔이 울컥한다. 마음 같아서는 "이눔아, 모처럼 부모한테 하는 선물 이왕이면 진짜로 할 것 아니냐, 아니면 짝퉁이란 말을 하지 말든지." 이 말이 목구멍에서 준비운동을 하고 있지만, 할 수 없이 다독거려 리턴을 한다. 하지만 또 어쩌랴, 계속 그렇게 같이 뒹굴어 굴러가는 수밖에.

나는 그 짝퉁 구찌 지갑과 벨트를 3년째 가지고, 매고 다닌다. 그런데 신기한 건, 누구도 자네 그거 웬 거냐며 물어보는 사람이 하나도 없더라는 사실이다. 구찌라는 글씨를 모르는 건지, 아예 그런 쪽으론 담을 쌓은 건지, 아니면 친구들이란 사람들이 모두 고물딱지라 그런지, 누가 알더라도 한두 사람은 알고 있지 싶은데 전혀 반응이 없다. 자네 깜냥을 내가 아는데 설마 자네가 구찌랑 짝을 이루려고 해서 아예 무시해버리는지 그런 거까지는 다 모르지만.

하여튼, 이건 어디까지나 나 혼자 생각인데 명품도 주인을 제대로 만나야 그 구실을 하는 것이지, 안 그런 담에야 말짱 꽝이다. 어쩌면 그런 게 명품의 비극일 수도 있을 것이다.

그런데 여기에서 참으로 건져내야할 하나의 진실은, 아무도 관심 갖는 이가 없는데 괜히 나 혼자만 남이 알아주느냐 마느냐로, 헛고 생으로 영혼을 낭비했다는 사실이다.


〈다섯〉

친구 이야기다. 직장생활 할 때 일이라니까 좀 묵은 이야기다.

그의 직장 창사 기념일인데다가 여타 행사도 있고 해서 양복을 빼입고 나간 모양이다. 그게 명품인지 아닌지 그런 거까진 잘 모르겠다.

그날 저녁 만찬장에서 묘한 일이 하나 벌어졌다고 했다. 자리를 잡다가 보니 자기 부서 상사랑 한 사람 건너 나란히 서게 되었다. 건배가 한차례 끝나고 주변 사람들과 이런저런 잡담을 나누고 있는데 이웃한 상사가 넌지시 물어왔다.

"자네, 나랑 똑 같은 옷을 입었구먼."

"○○○백화점 신사복 매장에서 산 건 데요."

"아 그래. 감색을 좋아하나보지."

"집사람이 산 건데, 그 사람이 이런 색깔을 좋아합니다."

그때까지만 해도 대수롭잖게, 그런 자리에서는 얼마든지 일어날 수 있는 일이니까 예사로 주고받아 넘겼다는 것이다.

그런데 시간이 지나면서 그쪽 눈치가 좀 이상하더라는 것. 자기랑 같은 옷을 입은 게 무척 못마땅해 하는 느낌을 받았다는 것이다.

직접 대놓고 말하지는 않았지만 뺑 돌려 변죽을 울리는 이야기가, 그리고 자기를 보는 눈빛이 분명히 그게 사실이라는 걸 알겠더라고 했다. 여기까지 듣고 내 입에서 나온 말이다.

"코디를 잘못해 나갔구나."

"야, 이 사람아 그런 건 아니지. 나한테 동복은 그거 한 벌 뿐인데 코디 찾고 뭣 찾고, 그건 말도 안 되고, 그렇다고 사전에 이사님은 어떤 옷을 입고 나오느냐고 물을 수도 없는 거 아냐."

그러면서 그는 이런 이야기를 나한테 했다.

"어떤 동물학자가 그러더구먼. 호랑이는 먹이 가운데서도 고양이를 제일 먼저 잡아먹는대. 이유는 자기를 닮아 기분 나쁘다는 거야. 그 생각이 얼른 떠오르더라고, 혹 내가 찍힌 건 아닌지 모르지."

그는 자기가 상사와 같은 차림으로 한자리에 나타난 걸, 물론 우연일치이긴 하지만, 그렇더라도 몹시 송구스러워하는 기색을 보였다.

"듣다가 보니 또 별놈의 소릴 다 듣는다. 그 학자가 그런 걸 실험해 봤는강?"

"그런 거까진 우리가 알 수가 없제."

"참 웃기는 이야기다."

"웃기건, 만들어냈건, 이야기는 그럴싸하잖아."

"야, 대충대충 넘겨라. 너무 어렵게 사는 거 아냐."

이야기는 이 정도 선에서 끝나고 말았지만 그는 계속 그 사실을 심각하게 받아들여 고민하고 있었다. 위계사회에 몸을 담고 있는 사람들로서 또 하나의 맹점을 보는듯했다.

도덕경道德經에 보면 첫머리에 이런 말이 나오는데 문득 그 생각이 떠오른다.

〈道可道 非常道, 名可名 非常名(도를 도라고 하지만 항상 그 도는 아니며, 이름도 이름이라 하지만 항상 그 이름은 아니다.)〉

하도 해석이 분분해서 제대로 비유가 되었는지 모르지만, 모처럼 하나 장만한 양복을 입고 나갔다가 그런 수모를 당했으니 그런 양복도 입는 사람이 입어야 그 값을 하는 거지, 있다고 아무나 다 입는 건 아닌 모양이다.

어처구니가 없다는 듯 튜브 바람 빠지는 소리로 밭아내는 그의 넋두리가 또한 명품이다.

"명품도 걸치는 놈이 걸치는 거지, 우린 아닌가 봐."


〈여섯〉

휴일이면 애들을 데리고 한 번씩 들리곤 하던 둘째가 하루는 난데없이 안 쓰는 만년필이 있으면 하나 달라고 했다. 아마 내가 글나부랭이를 끌쩍거리고 하니까, 혹 그런 게 있지 않을까 생각했던 모양이다. 그러나 요즘 글은 워드로 치고, 혹 손으로 필기할 일이 있더라도 볼펜으로 쓰기 때문에 만년필 놓은 지가 인제 적 일인시 아득할 뿐이다.

"요새도 만년필 쓴 사람이 있냐. 모르겠다, 여기 고물딱지가 하나 보이던데····."

고물들을 모아두는 책장 서랍을 뒤적거려본다. 구석 깊숙이 박혀 있던 만년필 두 개가 나왔다. 모두 파카 제품인데 처박아놓은 지가 오래 돼 제대로 구실을 할런지 의문스러웠다. 그러나 자식이 찾는 것이라 일단 꺼내놓긴 했다.

"하나 골라봐라. 제대로 잉크나 나올지 모르겠다."

"이거 언제 산 겁니까?"

"산 거는 아이고···."

"웬 건데요?"

"촉이 큰 거, 이거는 직장을 그만 둘 때 후배가 좋은 글 많이 쓰라 면서 사준 거고, 하나는 니 엄마가···."

그 만년필은 내력이 깊다. 아내랑 연애할 때 일이니까 40년도 더 전 일이다. 내가 글 쓴다는 걸 알고 아내가 생색을 내어 사준 것이 다. 지금은 처박아둔 상태지만 10여년 이상을 내가 애지중지 사용 했던 물건이다. 촉도 한번 갈아 넣었고, 잉크주머니도 두어 번 간 것으로 기억한다. 계속해 썼더라면 지금쯤 낡아서 버렸을 물건이 지만, 편리한 볼펜이 등장하고부터 안 쓰고는 그냥 그렇게 둔 것이다.

오래 돼, 세월이 만들어놓은 상처로 볼썽사납기는 하지만, 그렇 다고 버리기도 그렇고 해서, 30여년을 안 듯 모른 듯 보관하고 하고 만 있다. 그사이 혹 없어졌을지도 모를, 확실한 자신도 없이 찾아보 았는데 마침 거기에 있었던 것이다.

둘째는 내 이야기가 끝날 때까지 조용히 듣고 있더니만 이런 말 을 툭 던진다.

"아버지 이게 바로 명품입니다."

"명품은 무슨, 요새 파카 아닌 만년필이 어디 있냐."

"파카가 명품이 아니라, 엄마가 사드렸으니까 명품이란 그 말입니다."

"희한한 소리를 또 다 듣는다."

"이름만 있다고 명품은 아니잖아요. 애틋한 사연을 담고 있는, 자기만의 이야기를 간직하고 있는 물건이 진짜 명품이란 말입니다."

" . . . ."

모처럼 자식한테 가슴이 찡 울리는, 사람 냄새 나는 이야기를 한번 듣는다만 싶어 얼른 이을 말이 안 나온다. 나이만 먹었지, 아직 덜렁거릴 줄만 아는 철부지로 알았는데, 아닌 게 아니라 신통방통한 일이다.

"이런 게 진짜 명품이라니까요."

"그런 얘기는 어디서 들었니?"

한번 안 물어볼 수가 없다.

"허허 참, 어디서 듣긴요. 그건 사실이잖아요."

" . . . ."

내가 할 말은 사돈이 한다더니만 할 말이 없다. 들은 건지, 본 건지는 모르지만 나도 어디선가 접한 말이다. 그러나 그런 이야기도 통할 수 있는 이들끼리만 통하는 일이지 아무한테나 다 해당되는 말은 아닌 것이다. 어쨌거나 그런 말이 자식 입에서 나왔다니 새삼스레 자식이 다시 보인다.

"이건 아버지가 보관하고 계시고, 그리고 보관도 이런 데 하지 말고 딴 데 두세요. 퇴직할 때 선물로 받았다는 거 이걸 제가 가지고 갈게요. 이것도 있다가 돌려드릴 겁니다."

"그건 그냥 네가 써도 된다."

둘째가 일어서면서 말했다.

"제가 알아서 할게요."

" . . . ."

자기 이야기가 담긴 물건을 명품으로 본단 말이지. TV를 틀어놓고 한나절만 들어보라. 요즘 말 잘하는 사람들이 얼마나 많은가. 이런 말은 시나브로 듣는다. 따지고 보면 대단한 공자말씀도 아니다.

그러나 자신의 이야기가 담긴 물건이 명품으로 자리 잡기엔 세상이 너무 흔들리는 건 아닌지 모르겠다. 설령 그 이야기가 아무리 애틋하다 하더라도 말이다.

# 무용지용無用之用입니다

영어에서 가장 긴 단어를 나는 알고 있다. 아니, 달달 외우고 있다.

'floccinaucinihilipilification'라는 단어다.

모두 29자. 알파벳 합이 26자인데 그보다 3자가 더 있다. 'i'가 무려 9번이나 들어간다. 그 뜻은 이러하다. '부자 따위를 하늘에 떠있는 구름 보듯 한다'는 '경멸輕蔑로 나와 있다.

나는 이 단어를 고등학교 2학년 때 외었다. 그 뒤 여러 번 까먹었으나 그때마다 다시 찾아보고 해서 요즘은 확실하게 외우고 있다. 그걸 외우게 된 동기는 이렇다.

영어시간이다. 선생님이 들어오더니만 이런 주문을 했다.

"오늘은 자기가 외우고 있는 단어 가운데서 가장 길다고 생각되는 단어를 하나씩만 외어본다. 자, 왼쪽 앞줄부터 차례대로····."

왜 그런 걸 시켰는지 그런 것까지는 잘 모르겠다.

그때 내가 외운 건 'handkerchief(손수건)'라는 단어다. 불과 12자의 단어다.

학생들의 발표가 다 끝나자 선생님이 바로 'floccinaucinihilipili-fication'를 칠판에 써놓고 말했다.

"이 단어가 현재 콘사이스에 올라있는 단어 중에서 가장 긴 단어다. 더 긴 단어로는 'smiles'라고 s와 s사이의 길이가 1마일이나 된다고 해서 수수께끼로 통용되는 단어와 54자의 영국의 어느 역 이름이 있지만 그건 고유명사니까 제외하고 나면 이 단어가 최고라고 알면 된다."

확실한지는 잘 모르겠으나 나는 대충 그렇게 기억하고 있다.

그때 나는 그 단어를 외우려고 대들었다. 혹 그 단어가 영어시험에 나오지 않을까 그게 걱정이 돼 외웠던 건 아닌지 모르겠다. 그때 그 선생님은 엉뚱한 데가 조금 있는 분이었다.

학생가운데 한 사람이 물었다.

"선생님, 한글은 세종대왕이 만들었는데, 영어는 누가 만들었습니까?"

"영어는 영국 세종대왕이 만들었다고 알면 된다."

58년도 김천고등학교 이지순李趾淳 선생님, 내색도 없이 그런 대답을 한 선생님이다.

그렇다고 해서 내가 우등생이거나 영어를 잘했다는 건 아니다. 학교성적은 영어를 포함해서 중간 정도밖에 되질 않는다. 일종의 오기라고나할까 그래서 외었던 것으로 보면 되지 싶다.

하지만 그 단어는 외우고만 있었지, 그날 이후로 지금까지 한 번도 써먹은 본 일은 없다. 아니, 구경한 일도 없었다. 그냥 나혼자만 알고 있을 뿐이다.

그날 뒤로 어쩌다가 무슨 이야기 끝에 그런 상황이 돼서, 그걸 자랑삼아 남 안 가진 물건을 자랑하듯, 써 먹은 일은 두어 번 있었다.

"영어 단어 가운데 가장 긴 게 어떤 건지 알어? 나는 그걸 외우고 있는 사람이다."

그러나 누구도 그걸 신통하게 봐주는 이는 없었다. 그냥 별종 대하듯 봐줄 뿐이다.

시선들 가운데는 비싼 밥 먹고 별놈의 짓을 다 하고 있네, 그런 걸 왜 외우느냐, 미친놈 보는듯한 사시斜視도 있어, 사람만 이상하게, 모양 같잖게 되고 만 경우도 있었다. 하긴 까놓고 보면 도로徒勞일뿐 그런 어처구니없는 일도 없다.


언젠가 TV에서 본 일이다. 어떤 사람이 나와서 'π(원주율)'을 외우고 있었다. 끝이 떨어지질 않는 숫자로 보통 우리가 3.14, 또는 더 안다고 해봐야 3.141592 정도다. 하긴 더 알아봐야 하등의 필요도 없는 일이다. 그런데 이걸 300자리 숫자까지 외우며 쓰는 것이다. 바르게 외우는지 옆에서 점검하는 사람도 있다.

그 많은 숫자를 달달 외우는 것을 보는 순간, 내 머리를 치는 것은 놀랍다거나 이런 거 보다는, 가여운 생각이 먼저 들었다. 아마 그동안 경험이 만든 속물근성이 그렇게 조종한 건 아닌지 모르겠다.

저걸 외우자면 엄청난 노력이 들어갔을 텐데 저게 어디에 필요해서 외울까. 프로그램에 저런 걸 만들어놓고 테스트하는 목적은 또 어디에 있는 것일까. 그러나 당사자는 그런 것에는 아예 아랑곳없이 300선을 만족하지 않고 더 많이 외우려고 지금도 계속 노력하고 있다는 걸 자랑처럼 늘어놓았다. 쉰 줄에 들어선, 무직의 남자였다.

그날 거기에 나온 사람들 가운데는 왕조의 역대 임금을 차례대로 외운 사람도 있었다. 처음에 나는 태정태세 문단세···로 시작하는 조선왕조의 임금정도로 알고 대수롭잖게 들었는데 그건 아는 축에 들지도 못했다. 신라의 58대나 되는 왕을 포함해 삼국의 왕은 물론 중국의 당唐, 송宋, 원元, 명明, 청淸나라에다 삼국지의 임금까지 달달 외우는 게 아닌가.

왜 그런 걸 외우고 있는지는 모르지만 어쨌거나 나한테는 어처구니없음은 그것대로 팽개쳐 두더라도, 하나의 대단한 감동으로 찾아왔다.

또 한사람은 나오더니만 서울의 지하철역을 노선 따라 차례로 줄줄 외우는 게 아닌가. 신통하다는 쪽보다 기똥찰 노릇에 더 가까웠다.

나는 그 사실을 보면서 저 사람들이 저걸 왜 외우는지, 저 프로그램이 왜 생겼는지 곰곰 한번 생각해보았다. 좀 실례될 말이지만, 그렇더라도 바로 한다면 그건 미친 사람들이나 할 일이지 정상적인 사람들로서는 누가 봐도 아닌 것이다. 그런 허무맹랑한 일이 없다. 차 한 잔을 놓고도 잇속을 저울질하는 세상에, 그리고 시간이 황금이라는 세상에 그런 낭비가 어디 있는가 말이다.

그런가 하면 내가 아는 사람 가운데는 이런 사람이 또 하나 있다. 그는 중학교 역사담당 선생이다.

"고려 말에 개혁정치를 부르짖었다가 요승妖僧으로 몰려 참형을 당한 신돈辛旽이란 중 있잖아. 자네, 그 사람 직함이 뭔 줄 알어?"

아닌 게 아니라 참으로 기절초풍할 질문이었다. 물을 걸 물어야지 그런 걸 나 같은 사람한테 묻는 건 질문이 아니라 일종의 행패일 뿐이다.

" . . . ?"

"내가 한번 말해볼게. 모두 마흔 여덟 자거든. 화투 한 모가 모두 마흔여덟 장이잖아, 그 숫자와 같더라니까."

그러면서 그는 종이에다 무슨 점괘 뽑아내듯 손가락을 곱아가며 이렇게 써내려갔다.

〈수정리순론도섭리보세공신 벽상삼한삼중대광 영도첨의사사사 판중방감찰사사 취산부원군 제조승록사사 겸 판서운관사守正履順論 道燮理保世功臣 壁上三韓三重大匡 領都僉議使司事 判重房監察司事 鷲山府院君 提調僧錄司事 兼 判書雲觀事〉

하긴 거짓부렁이를 늘어놓아도 나로선 알 길이 없다.

그런데 지금 이 글을 쓰기위해 백과사전을 들쳐보니 48자라던 명칭이 51자로 나와 있다. 내 기억에 남아있는 건 화투 한 모가 48장이라는 것뿐이다.

여기에서 어느 것이 정답이고, 어느 것이 오답인지 그건 알고 싶지도 않고 또 별로 중요한 일도 아니다.

그 뒤 어느 날 나는 싱거운 짓인 줄 뻔히 알면서도 일부러 새로 한번 물어본 일이 있다. 그러자 그는 그런 주문이 들어오기를 기다리고 있었다는 듯 종이를 꺼내놓더니만 48자를 차례대로 써내려가는 게 아닌가. 아귀가 제대로 맞아 떨어지질 않는지 중간에 몇 번인가 쉬어가면서, 잘못 쓴 한자는 더러 고쳐가면서, 여전히 손가락을 곱아가면서 48자를 맞춰 놓는다.

하는 짓을 보고 있자니 그런 딱함도 없다. 시각에 따라 이건 하나의 고행이었고 수도修道같아 보였다. 엉터리로 써봐야 바로 잡을 사람도 없는데 그는 나름대로 최선을 다해 풀었다. 괴짜에다 기인奇人의 행색이다.

세상에 그런 낭비가 없다. 평생 살아봐야 한번 써먹을 일도 없는 그런 짓을 왜하고 사는 것일까.

내가 29자의 영어 단어를 외우고 있다는 것도 따지고 보면 그네들과 한 통속이란 걸 안 건, 그네들을 내 나름대로 실컷 웃어주고 난 뒤의 일이었다. 내가 영어 단어 〈경멸〉을 외우는 것과 하나 다를게 없으니까 하는 말이다. 그들이 그런 엉뚱한 일에 매달린 그 의문의 답은 그들한테 찾을 게 아니라 나한테 찾으면 되는 것이다.

좀처럼 제대로 변명이 가능한 답이 안 나온다. 나도 남이 안하는,

아니 못하는 뭔가를 하나 가지고 있다. 다시 말하면 나만이 할 수는 무엇이 그렇게 나타난 것이 아닐까 하는 그런, 목적이 해괴한 욕망으로 밖에 다른 건 있을 수가 없다.

세상에는 많은 유형이 사람들이 살고 있는데 그들 가운데 한 부류, 그 사람들이 내세우는 엉거주춤한 자존감自尊感의 변이가 그런 모습으로 등장했다고나 할까. 그리고 누가 웃거나 말거나, 내 주변에 아무도 모르는 이 단어를 나만이 알고 있다는 그 우월감 같은 것으로 혼자 우쭐해하며 살아왔던 셈이다.

어쨌거나 나는 요즘도 '경멸'이라는 단어를 시나브로 한 번씩 외우고 써본다.

어느 틈에 나이가 주는 신체 기능의 퇴행성으로 인해 곳곳에서 오락가락하는 데가 많다. 특히 기억력에서 그러하다. 내 자존감의 대명사 노릇을 했던 '경멸'이 어처구니없게도 이즘에 와서는 기억력의 척도 역할 밖에 못하는 것으로 변질된 것이 다소 아쉽기는 하나, 이왕 평생을 같이 해온 것이라 생명이 다하는 그날까지 열심히 다독거려, 이웃에 두고, 인생말년을 지탱해주는 힘으로 만들어 함께 지낼까보다.

또 한 번, 이번에는 소리까지 내어, 모처럼 자랑스럽게 외어본다.
floccinaucinihilipilification.

# '어당팔'을 아시나요?

이런 이야기가 떠다닙니다. 한강에 국회의원, 학생, 노동자, 회사원이 빠져 허우적거리고 있다면, 우리는 그들 중 누구를 먼저 구해야 할 것인가를 묻고 있는 이야기 말입니다. 답은 국회의원이랍니다. 왜냐면 한강을 오염시킨다는 거예요. 허허허허.

어쩌다가 이런 이야기가 나왔는지 모르지만 한번쯤 생각해볼 만한 패러디인 것만은 분명합니다. 무슨 일이 터졌다고 하면 그쪽 사람들이 곧잘 연루되고 하니, 큰일 하라고 뽑아놨더니 엉뚱한 짓 한다고, 말하자면 염불보다는 잿밥에 더 눈독을 들인다고, 분통이 터져 그런 걸 만들어 유포한 건 아닌지 모르죠. 개개인은 모두가 선량이고, 헌법기관이고, 20만 또는 30만의 대표자들 아닙니까. 그런 말이 왜 떠돌아다닌다는 건 깊이 한번 생각해 볼 일이라고 봅니다.

나는 올해로 26년째 팔공회라는 여남은 명으로 구성된 계의 총무를 맞고 있습니다. 참, 아니 4, 5년 전부터는 회장으로 지냅니다. 격을 높였지요. 처음 계를 만들 땐 15명으로 시작했는데, 하나 둘 죽고, 자식 따라 떠나기도 하고, 그래서 지금은 딱 10명이 남았는데, 이제 사람도 얼마 안 되고 하니 따로 두었던 회장, 총무를 통합하자는 바람에 얼떨결에 회장이 된 겁니다. 남 듣기 좋으라고 만든 건데 실은 그게 그거죠.

내가 회장이 되던 해에 이런 이야기가 나왔습니다. 이제 나이도 있고, 애들 치송도 다 치렀고 한데, 계금 그거 자꾸 모아서 뭣할 거냐고, 적당히 날 잡아, 그 돈으로 백두산에나 한번 다녀오면 어떻겠느냐, 그러더라구요. 그전부터도 운이 돌던 말인데다가 이날에 이르러 노골적으로 등장한 겁니다.

총론은 일단 모두 좋다고 쌍수로 환영했습니다. 그래서 각론으로 들어가 날부터 한번 잡아보자고 그랬죠. 총무나 회장이 하는 일이 그런 거 아니겠어요. 여러 가지 안이 나왔습니다. 내년 봄으로 하자는 사람, 쇠뿔은 단김에 뽑는 게 좋다며, 그 말 나오기를 기다렸다는 듯, 이번 가을에 바로 가자는 사람, 해서 말입니다.

날짜 때문에 이러쿵저러쿵하는데, 한 친구가 생뚱맞게, 부부가 합동으로 가자면 계금으로 경비가 충당 되겠느냐며, 이번 여행은 우리 남정네들끼리만 가는 게 어떻겠느냐고 수정안을 내놓았습니다. 계원 가운데 혼자된 친구가 둘이 있기 때문에, 말은 경비를 내세웠지만, 아마 그 사람들을 배려해서 한 얘기는 아닌지 모르겠어요.

그러자 그만 한 친구가 버럭 역정을 내는 거 아닙니까. 그런 건 논란의 대상도 아니라며 입에 담지도 말라는 겁니다. 혼자된 그 친구들한테는 자기가 짝을 지어줄 테니 그리 알라며, 나중에 여편네들한테 무슨 소릴 들으려고 그런 천부당만부당한 발상을 꺼내느냐고 인상을 그었습니다.

그때부터는 이야기가 그만 돈으로 불이 붙었습니다. 짧게 4박 5일을 잡더라도 둘이면 가구당 백만 원 꼴은 돌아가는데 계금 가지고는 안 모자라겠느냐는 걱정입니다. 모자라면 당연히 보태야지, 그럼 우리가 스폰서 구해 가려고 했더냐며 면박도 나오고해서 맞붙었죠. 그러면 이러자, 이왕 돈을 더 보태 갈 판이면 백두산을 찾을 게 아니라, 유럽 쪽으로 눈을 돌려보자는 안이 새로 끼어들었습니다. 백두산은 이미 개인별로 가본 사람도 여럿 있고, 또 가기도 쉽고 하니 유보하고, 먼 곳은 이래 안 가면 평생 못 가본다면서, 이왕 나온 김에 그쪽을 한번 검토해 보는 게 어떻겠느냐는 거죠. 하긴 그것도 일리가 있는 얘기죠.

그때부터는 상황이 시끄럽게 됐습니다. 나는 계금에서 땡전 한 푼을 더 보태도 못 간다, 연금 받는 사람들이나 다녀오라는 말이 나오는가 하면, 말 못해서 죽은 귀신은 없다더니 죽는소리 말라며, 애들 밑에 넣는 돈 반만 줄여도 그건 가겠다고 빈정거리는 말까지 나왔습니다.

이러쿵저러쿵 설왕설래하는 판에, 왜 그 말이 안 나오나 했더니, 기어이 그 말이 끼어들더구먼요. 만에 하나 못가는 사람은 어떻게 할 거냐는 거죠. 그러자 회칙은 폼으로 만들어 됐느냐며, 못가는 사람은 불이익을 감수해야지 무슨 송아지 하품하는 소리냐고 쥐어박는 말이 바로 따라 나왔습니다.

다른 소리가 또 나오는 거예요. 우리 조선놈들도 각성을 좀 해야 된다며, 계금 타가지고는 왜 모두 외국에다 내버리는지 모르겠다면서, 우리 이럴 게 아니라 눈길을 국내로 돌려보는 것도, 이참에 한 번 생각해보자는 겁니다. 난 동남아를 다 돌아다녀봤지만 아직 우리나라보다 더 좋은 곳은 못 봤다면서, 우리가 쇼핑가는 거지, 거기 배울 게 있어 찾아가는 거냐며, 이번엔 난데없는 애국론이 또 등장합니다.

지금까지는 그래도 삐걱거리긴 했지만 배가 강을 벗어나지는 않았는데 그때부터 배가 산으로 오르는 거예요. 문자를 하나 쓰자면 중구난방에다가, 백가쟁명百家爭鳴이요, 백화제방百花齊放이더라 이겁니다. 날짜 잡다가 애국론이 등장했으니 길이 어긋나도 많이 어긋난 거 아닙니까. 엉망진창에다가 케 세라 세라가 된 거죠.

또 일갈이 터집니다. 짧은 밤에 물레만 돌리다가 말 거냐며, 백두산도 다녀오고 유럽도 댕겨 왔으니 이제 메인게임으로 들어가자는 겁니다. 곗날이 날이면 날마다 있는 것도 아니고 하니, 한 페이지 넘겨 고스톱으로 친구 간에 돈독함이나 쌓자는 이야기죠. 우리들 계의 마지막은 항상 그게 장식을 했으니까 말입니다.

계 이야기가 나왔으니까 내가 꼭 보태고 싶은 말이 하나 더 있습니다. 이건 순전히 오리지널 내 얘깁니다.

2000년도를 전후해서 다시 말해 21세기로 들어서면서 우리나라, 대한민국 대중문화에 빼 놓을 수 없는 게 하나있다면, 나는 분명히 말하지만, 계와 고스톱이라고 봅니다. 국민 치고 계 하나 안 가진 사람은 없고, 고스톱 모르는 사람 없잖아요. 이거 모르면 간첩이란 말도 있고, 우리나라를 고스톱 공화국으로 부르는 게 모두 그런 거 아니겠습니까. 이보다 더 확실한 대중문화가 어디 있습니까. 점잖은 사람들은, 그들이 얼마나 용빼는 사람들인지는 모르지만, 거기에 화투가 들어간다고 하수구 문화라 그러는 사람들도 있는데, 그래도 문화는 문화 아닙니까. 그것과는 별개의 문제지요.

문화라는 게 거창한 거 같지만 실은 별 게 아니잖아요. 구성원들이 살아가면서 필요와 욕망에 의해 자연스럽게 자리 잡는 행동거지가 바로 문화거든요.

그런데 이것 두 가지는 묘한 관계를 지니는 거예요. 아주 찰떡궁합이란 말입니다. 어떤 사람들은 고스톱계라 그래가지고 고스톱 치러 한 달에 한 번씩 만나는 사람들도 있더라, 아닙니까.

고스톱이라면 나도 한 가랑이에 두 다리를 끼는 사람이지만, 내가 좋아한다고 그래 물고 들어가는 건 결코 아닙니다. 곗날이라고 만났는데 그 자리에 고스톱이 없다고 한번 생각해보세요. 늘 만나는 사람들, 술밖에 더 마시겠어요. 그 끝은 빤한 거 아닙니까. 남 흠이나 잡고, 그러다가 수가 틀어지면 욕사발이나 퍼붓고, 심하게는 피까지 보는 수가, 아닌 게 아니라 있다니까요.

거기에 비하면 고스톱은 양반이지요. 감지덕지해야할 일이란 말입니다. 오고가는 게 있어 들쑥날쑥 하는 건 좀 있지만, 그런 건 그 사람들 양식에다 맡겨야지요. 농경시대 오락과 산업사회의 오락은 다를 수밖에 없습니다. 아직 우리 역사상 옛날 친구들이 만나 치는 고스톱에서 기둥뿌리 뽑혔다는 이야기는 못 들었으니까요. 그런 거는 믿어야죠.

사람들이 화투 패를 들었으니 백두산은 이미 다 갔다 온 거 아닙니까. 말짱 끝난 거죠. 결국은 날은 잡지도 못하고, 아니 달도 잡지 못하고 핸들을 틀어야했습니다. 오늘 저녁엔 쌈박한 이야기가 하나 나오나 했더니만, 끝내는 흐지부지 돌아가고 말았습니다. 남 얘기도 좀 들어야하는데 이건 모두 수캐 뭐 자랑하듯 지 얘기만 떠벌려 대니, 답이 제대로 나오나요. 금년으로 5년째 그러고 있습니다.

이구동성으로, 만장일치로 통과된 게 딱 하나 있습니다. 월 3만원으로 돼 있는 계금을 만원으로 줄이는 데는 아주 쉽게 해결이 됐습니다. 아마 이젠 백두산 여행은 물 건너갔지 싶습니다. 물가는 비싸지, 계금이 자꾸 줄어드는데 어쩔 수 없는 거 아닙니까, 자연스럽게 받아 들여야죠.

말이 나온 김에 하나 더 하겠습니다. 지금 우리가 만나는 여기, 이집은 30년 넘게 단골입니다. 그렇다고 마담이 예쁘거나, 음식 맛이 좋아 여기를 못 떠나는 게 아닙니다. 딴 건 두고라도 지겹다고 해서 몇 번이나 옮기려고 했습니다. 실제로 옮겨 만나기도 여러 번 했고요. 그런데 그때마다 웬 말들이 그렇게 많은지 모르겠어요. 나한테는 너무 멀다는 사람, 이왕 옮길 바에야 지하철이 되는 곳을 택

하지, 너무 비싸다는 사람, 음식이 짜다는 사람, 그때마다 투덜거리는 사람들이 나오더란 말입니다.

그래서 부득이 다시 원점으로 돌아온 겁니다. 구관이 명관이라고나 할까. 하도 말이 많아 당신네들이 하나 물색해 오라 그랬지요. 또 그건 아무도 못 하는 거예요, 그건 총무 고유 권한이라나, 거기에 무슨 개뼈다귀 같은 고유권한이 거기까지 끼어드는지 모르겠어요.

사실 내가 총무 자리를 오래 붙들고 있는 것도 까닭이 있습니다. 아시다시피 개뿔도 생기는 자리는 아니잖아요. 이 나이에 이런 거라도 하나 쥐고 있지 않으면 사람이 게을러서 물러 터질까봐, 좀 더 구체적으로 말하면 치매 예방차원이라고나 할까, 그래 쥐고 있는 겁니다. 지금이라도 하겠다는 사람이 있으면 당장 쥐어줄 거예요.

이런 게 여기에도 해당되는지 어떤지는 모르겠습니다만, 대한민국 국회, 나는 참 잘 운영한다고 봅니다. 사람 10명을 이끌고 가는 우리 계도 이렇게 어려운데, 그 곳은 3백 명이나 되는 사람들이 모여 서로 잘났다고 떠드는 자리잖아요. 그게 왜 시끄럽지 않겠어요. 안 시끄러우면 도리어 그게 이상한 거죠. 계는 친분 있는 사람들 끼리 모인, 그래도 친목단체 아닙니까. 전문용어를 하나 쓴다면 독일 사회학자 퇴니스가 말한 게마인샤프트란 말입니다.

나는 국회의원들한테 절대로 욕 안합니다. 누가 들어가더라도 거기에만 들어가면 그럴 수밖에 없는 집단이라고 보는 사람입니다. 능력이 없어 못 들어가 그렇지, 나도 만에 하나 들어간다면 똑 같은 사람이 될 건데, 누워 침 뱉는 짓을 왜 한단 말입니까. 파산하지 않고 그만큼이라도 굴러간다는 게 용하다고 보는 거예요. 아직은 고장이 나서 팍삭 주저앉은 일은 한번 도 없었잖아요.

'어당팔'이란 말 들어보셨는지 모르겠습니다. 어떤 사람들은 국회의원들을 그렇게 부르더라고요. '어리숙해 보여도 당수가 팔단'이란 거 아닙니까. 참 듣다가, 듣다가 이젠 별소리를 다 듣는다 싶대요. 하긴 또, 그런 말이 나오자면 뭐가 있어도 있지, 아주 빈말이기야 하겠습니까.

서점에서는 구경도 하기 힘든 자작 시집을 의원회관에서는 단말기까지 설치해놓고 팔아 베스트셀러를 만든다든지, 국가에서 지급하는 비서관의 봉급을 당신네들 마음대로 뚝딱하는 그런 재주는 사람이라고 해서 누구한테나 다 있는 건 아니잖아요. '존경하는 국민 여러분'이 그네들 초심이고, 그 초심을 미끼로 해서 국회에 발을 들여놓았다는 사람들이, '존경하는 국민들'이 보는 앞에서 하는 연기로는 글쎄 '어당팔'이 제대로 찾아간 이름인지 그건 나도 잘 모르겠습니다.

내 이야기는 여기까지입니다.

그래도 어쩝니까, 한 번 더 말하지만 나한테는 대한민국 국회의원 파이팅입니다.

좀 아쉬운 데가 있기는 하지만, 한강물을 오염시켜, 그것 방지 때문에 먼저 구한다는 건 우리 이야기고, 그걸 믿고 그들은 안 하는 거, 못 하는 거 없이 다 할 수 있다는 거 아니에요. 죽을 염려는 천만에, 없거든요.

　이상입니다.

# 오수부동론五獸不動論

내가 사는 아파트 단지 주변에 T자형 삼거리가 하나있다. 모두 왕복 4차선 노선으로 한가운데는 신호등이 걸려있다. 그런데 A거리와 B거리는 노선버스를 비롯해 적잖은 차량들이 내왕하지만 C쪽으로 빠지는 거리는 길이도 얼마 되지 않을 뿐더러 종점이 금호강 방죽으로 막혀있기 때문에 내왕하는 차량이 거의 없는 편이다. 그쪽 방향에 집을 둔 사람들 차량이 모두일 뿐이다.

그러나 삼거리의 건널목 신호등은 A, B, C가 똑 같이 작동을 한다. 구조상 어쩔 수 없어 그렇게 된 걸로 알고 있다.

그렇다 보니 C건널목을 건너는 사람들은 필요(?)도 없이, 다시 말해서 차량이 다니지 않는 다는 걸(평균 10분에 한 대가 다닐까 말까 정도다.) 뻔히 알면서도 신호등에 묶여, 다른 거리의 신호등을 기다리는 사람들과 똑 같이, 1분 이상을 기다려야 한다. 그렇다 보니 시각에 따라서는 낭비라는 생각도 한번 해볼 수가 있다. 하지만 또 그냥 지나갈 수도 없는 게 이곳 신호체계다.

이 건널목은 나도 자주 다니는 길목이다. 건너 쪽에 친구도 있고, 학교가 있어 아침저녁으로 운동장을 돌기 때문이다.

그런데 여기를 내왕하다가 보면 재미있는 현상을 하나 발견하게 된다. 그건 누구든 혼자 있을 때는 신호를 싹 무시하고 당당하게, 아무런 거리낌 없이, 물론 양심의 가책 같은 것도 내버리고 그냥 건넌다는 사실이다. 자전거 탄 사람도 그냥 달려오는 속도 그대로 내닫는다. 물론 나도 마찬가지다.

또 하나 제미 있는 건, 그러다가도 누구든 낯선 사람이 있거나, 꼭 낯선 사람이 아니라도 다른 사람이 같이 옆에 있으면 그들의 행동은 달라진다. A, B거리의 건널목과 같은 신호체계를 철저하게 지킨다. 말하자면 주변 사람들의 눈을 의식해서 준법정신을 발휘한다는 말이다.

나를 포함해서 부근에 사는 사람들은 그런 관행에 오래전부터 익숙해져 있다.

독신獨愼이라는 말이 있다. 사람은 혼자 있을 때 특히 근신할 줄 알아야한다는 경구성 낱말인데, 그때마다 그 말이 한 번씩 살아나서 나를 꼬집는다. 하지만 그때 잠시뿐 현실로 돌아오면 또 관행에 빠진다.

심지어는 이런 생각도 한번 해본다. 신호체계라는 게 주민들이 생활하는데 편리한 데에 목적이 있다면, 여기에도 '비보호 좌회전'

모양 '차량통행이 없을 땐 주의해서 지나가도 괜찮다'는 팻말이나 하나 세워, 그렇게 운영했으면 좋겠다는 아전인수我田引水격 발상도 한번 해본다.

오수부동伍獸不動이란 말이 있다. 쥐, 고양이, 개, 호랑이, 코끼리, 이 다섯 마리의 짐승을 한자리에 몰아넣어두면 서로가 꼼짝 못 한다는 말이다. 쥐는 고양이를, 고양이는 개를, 개는 호랑이를, 호랑이는 코끼리를, 그리고 코끼리는 쥐를 서로 두려워하고 경계의 대상으로 보기 때문에, 저마다 상대방의 눈치를 보느라 본능대로 활동하질 못하고, 일거수일투족을 조심하며, 신중한 처신을 하게 된다는 뜻이다. 말은 그러한데 이게 사실이지 어떤지는 모르겠다.

친구 창호한테서 전화가 왔다.
"김장수한테서 문자 들어온 거 봤제. 어떻게 할 거야?"
전화기를 켜는데 친구의 이야기가 튀어나온다.
"응, 봤어. 그러잖아도 어쩔까하고 있는 참이야."
"빈소는 한번 들여다봐야 할 거 아냐."
"글쎄 어떡할까 · · · ."
오늘 오전에 문창호가 사망했다는 문자가 들어왔다.
"문창호 회원 2015년 3월 15일 숙환으로 별세
　　　빈소 : 대학병원 영안실 3호.
　　　발인 : 18일 오전 8시"

가끔 휴대폰으로 들어오는 우리 동우회 회원들의 부음이다. 폐암으로 연초부터 고생하고 있다는 것도, 금년을 넘기기 어렵겠다는 이야기도 들리더니만 기어이 세상을 버린 모양이다.

직장을 나온 후 내가 유일하게 몸담고 있는 공조직은 KT동우회(퇴직자 모임)이다. 내가 있는 지역에만 1,500여명의 회원이 등록되어 있고 전국적으로는 2만여 명이 넘는다. 우리는 이 조직을 통해 지난날 3, 40년간 같이 근무했던 동료들과 계속 교류를 이어오고, 또 그들의 안부며 각종 정보를 나눈다.

오늘 내가 받은 친구의 사망소식도 그렇게 알게 된 것이다. 아무개 자녀 결혼이 있다는 것도, 또 누구는 새로 개업을 해서 제 2의 인생을 살고 있다는 것 등도 그렇게 우리한테 찾아온다.

그런 소식을 접하면 상호간의 친밀도에 따라 직접 찾아가보거나 전화를 해서 축하해줄 사람은 축하를 하고, 위로해줄 사람은 위로를 해준다. 그런가 하면 서로 모르거나 소원한 사람들은 그네들끼리 거기에 알맞은 대응을 하면 되는 것이다.

사실 나는 오늘 문창호 사망소식을 접하고 나름대로는 이미 입장을 정리해 놓았다. 문상은 가지 않기로 한 것이다. 친구라는 관계로 지내기는 했지만 그렇게 가까운 사이도 아니고, 본인 뿐 그네 가족들도 아는 이가 없다. 입장을 바꿔 생각해보더라도 나한테 문상 올 사람이 아니란 걸 충분히 예상할 수 있다. 그리고 문상을 간다면 빈손으로는 갈 수 없는 노릇 아닌가, 그것도 안 생각할 수가 없기 때문이다.

그러고 있는 참인데 김장수한테서 전화가 온 것이다. 김장수와 창호의 관계는 나하곤 또 다르다. 그들은 같은 계원에다가 친밀감이 나랑은 비교가 안 된다. 그럼에도 상황이 이렇게 되고 보니 "나는 안 갔으면 싶다"는 소리가 얼른 안 나온다.

"다른 일 없거든 저녁에 잠간 다녀오도록 하지 뭐. 동우도 같이 간다고 했가든."

김장수의 다그침이다.

"· · · ."

이 일을 어떻게 한담. 일이 이렇게 되고 보니 이제는 문창호와 나와의 관계보다 김장수와의 관계 때문에 더 입장이 난처하게 됐다. 김장수가 날 어떻게 볼까 더 신경이 쓰인다.

"왜 무슨 일 있어?"

"간다고 하더라도 오늘저녁엔 못 가겠다. 그럴 일이 좀 있어서· · · ."

적당히 둘러대어 급한 불이나 꺼놓고 본다.

"그럼, 알았다. 자넨 담에 들려라."

"도리가 없다. 그러자."

일단 순간의 위기는 벗은 셈이다. 그러나 전화는 끊겼지만 골치는 그때부터 또 새로 아프기 시작했다. 가느냐, 마느냐, 그것이 문제로다. 김장수의 전화가 없었더라면 아무 일이 없었을 텐데 말이다.

나중에라도 장수나 동우를 만난다면 분명히 문창호 이야기가 나올 텐데, 그때 일을 한번 안 생각해볼 수가 없다. 어쩌다가 잘못되면, 안 할 말로 부의금 몇 푼 때문에 어영부영 하다가 더 큰 것을 잃을 지도 모른다는 생각이 강박관념으로 골통을 무겁게 한 것이다.

일과성 일이니까 시간이 지나면 자연스럽게 해결되는 방법도 없는 건 아니지만, 그러나 그건 나중 일이다.

저물녘이 다 돼 이번엔 내가 먼저 김장수한테 전화를 걸었다.

"지금 자네 어디 있나?"

"병원에 가고 있다."

그 시간을 고려해서 건 전화니까 그렇겠지.

"난, 널 들리려고 했더니만 널도 어렵지 싶다. 봉투 하나 만들어 대신 좀 전해주게나. 그리고 자네 구좌 좀 불러주고."

아까 김장수한테 전화를 받고 장장 4시간을 고민한 끝에 내린 결론이었다. 그 동안 아닌 게 아니라, 별의별 생각을 다했다. 골통이 빠개지는 듯 아팠다. 일테면 넉넉지 못한 형편 때문에 저울질하느라고 그 고생을 한 셈인데, 끝내는 그것도 못 이루고 사람만 이상하게 되고 만 꼴이다.

불러준 구좌를 받아 적은 뒤 김장수가 엉거주춤한 웃음으로 말했다.

"괜히 내가 자네를 번거롭게 만든 건 아닌지 모르겠다."

"아니야, 이 사람아. 무슨 그런······."

"모르겠다. 그러면 다행이구. 실은 나도 아까 전화를 끊고 잠깐 생각해 봤다. 내가 안 해도 될 전화를 한 건 아닌지 해서."

대화 행간에 그런 냄새를 맡은 것도 사실이다.

"이 사람이. 그런 건 아니라니까. 자네가 수고 좀 해줘라."

전화기를 접고 나자 한 바리 실은 질매를 벗어 놓은 듯 심신이 가뿐하다. 어차피 그렇게 굴러 갈 걸 왜 그렇게 혼자 시난고난 했던지 모르겠다. 세상 사는 게 다 그런 거 아닌가.

다시 오수부동론으로 돌아가 보자.

쥐, 고양이, 개, 코끼리, 호랑이가 오수부동론의 동격 주인공이라는데 이들을 한 울타리 속에 몰아넣어두면 과연 그 체계가 평화공존이 유지될까. 누가 실험을 해봤는지 어쨌는지는 모르지만, 국어사전에까지 올라있자면 전혀 근거 없는 말은 아닐 것이다.

그러나 나는 아무래도 의심스럽다. 우선 가장 알기 쉬운 코끼리와 쥐와의 관계를 한번 보자. 코끼리가 쥐를 두려워하고 눈치를 본다니 도대체 이게 무슨 허튼 수작인가 말이다. 할 수만 있다면 당장 한번 당장 그런 상황을 만들어놓고 실험을 해보고 싶은 심정이다.

그러나 좋게 생각하자. 그런 말이 생긴 까닭만 알면 그만 아닌가. 아마, 우리가 사회생활을 하는데 필요한 참여와 견제, 그리고 감시체계를 그런 상관관계로 만들어 놓았으리라 본다.

혹시 나 같은 사람 때문에, 나 같이 어리둥절하고, 우유부단한, 주체의식이 허약한 사람들을 위해, 어떤 사회학자가 그런 설정을 하나의 단어로 만들어놓은 건 아닌지 모른다고.

# 인격적으로 완성된 사람

"훈수만 두지 않더라도, 나는 그 사람을 인격적으로 어느 정도 완성된 사람으로 본다."

어느 날 기원에 들렀다가 한 사람으로부터 우연히 들은 이야기다. 바둑 두는 구경을 하고 있는데 그들 중 한사람이 중얼거리는 말이다.

그 말을 듣는 순간 나는 나도 모르게 고개를 끄덕이고 있었다. 아직 그런 말은 한 번도 들어본 일이 없었다는 것도 그렇지만, 그 말속에 든 함축된 뜻이 그럴싸하게 나를 혼란스럽게 했기 때문이다.

가볍게는 옆에서 조용히 구경만 해달라는 경고성 말 같기도 하고, 깊이 생각해보면 거기에는 충분히 그럴만한 내면적 인품의 함량, 드레 같은 것을 포함하고 있다고 본 것이다.

'뺨을 맞아가면서도 두는 게 훈수'라는 말이 있다. 그 만큼 훈수는 참기가 힘들다는 말일 테다.

훈수란 '바둑이나 장기 따위를 두는데 구경하던 사람이 끼어들어 수를 가르쳐주거나, 그러한 행동'을 말한다. 공식경기가 아닌 이상 아마추어들이 두는 판에서는 흔하게 있는 일이다.

훈수에도 여러 가지 양상이 있다. 어려울 때 한 수씩 가르쳐주어 위기에서 벗어나도록 하는 경우가 있는가 하면, 패거리로 대들어 바둑 두는 사람은 돌만 쥐고 있을 뿐 실제로는 구경꾼들이 이래라 저래라 해서 덩달아서 두는, 난장판 바둑이 되는 경우도 있다.

사실 나는 훈수를 경계하는 사람이다. 내 바둑은 2, 3급 수준은 된다. 남들 두는데 훈수를 하는 일도 잘 없지만 내가 두는데 남들이 참견하는 것도 질색이다. 그러니까 자랑 같지만 그쪽으로는 어느 정도 숙성된 경지에 와 있다고 나름대로는 자부하는 사람이다.


50대 중반 쯤 되던 어느 날이다. 앞산을 오르다가 거기 노천기원 에서 바둑 두는 걸 구경하게 된 일이 있다. 그때는 직장을 막 나온 뒤라 그런 식으로 세월을 보내고 있던 참이다.

우리 또래 두 사람이 바둑을 두고 있는데 한 사람이 궁지에 빠져 있었다. 그만 나도 모르게 훈수버릇이 나오고 말았다.

"화점 옆에 거기 놓으세요. 안 그러면 대마가 죽습니다."

손가락까지 동원해서 확실하게 한 수를 지원한 것이다. 그 바람 에 그만 대마를 노려 둔 상대방의 계획이 무산되고 말았다.

그쪽 노천기원은 그곳을 자주 내왕하는 사람들 가운데 바둑 애호가 몇몇이 등산로 쉼터에다가 간편하게 만들어 놓아, 이름이 노천기원이지 실은 동호인들 휴식처인 셈이다.

평소에도 여러 번 보았지만 그곳에서의 훈수는 다반사로 통했다. 오가는 사람들이 많은 길목이다 보니, 그런 게 없다면 도리어 이상할 만큼 흔한 일이어서, 나도 그런 일쯤 예사로 생각했던 것이다.

그런데 뜻밖 일이 벌어지고 말았다. 훈수로 피해를 입은 쪽이 나를 딱 쩨려보더니만 그 자리에서 바둑알을 팍 쓸어 밀어붙이는 게 아닌가. 전혀 예상 못한 기상천외의 사태가 벌어지고 만 것이다.

"이번 판 내가 졌다. 다시 두자."

정작 훈수를 둔 나한테는 일언반구도 없이 상대편한테 건네는 말이었다. 그 수로 인해 승패가 결정된 것도 아닌데 그런 볼썽사나운 행동으로 나를 어리둥절하게 만든 것이다. 일테면 기분이 몹시 언짢다는 거겠지.

나는 그때서야 바둑판 밑에 천 원짜리가 삐죽이 보이게 묻혀있는 걸 보았고, 따라서 내가 큰 실수를 했다는 것도 알게 된 것이다. 내기 바둑에 훈수를 한다는 건, 그게 성패와는 무관하더라도 상식에서 벗어난 행동 아니가.

그만 아차 싶은 생각이 소름으로 팍 솟는다. 엄청난 결례를 저질렀기 때문이다.

그때 그 일은 지금 생각해도 얼굴이 화끈거릴 만큼 나를 황당하게 만들었다. 보통의 경우, 훈수가 다소 언짢더라도 "내기 바둑입니다. 그냥 구경만 하십시오."라고 해서 적당히 이야기로 넘어가기 마런인데, 이건 그게 아니었기 때문이다. 아주 작심을 한 듯 판을 뒤엎어 나한테 무안을 준 것이다.

아직 그런 일은 당해본 일도 없었고, 구경한 일도 없었는데 그날 나한테서 일어난 것이다. 내 불찰이 저지른 일이긴 하지만, 다시 생각해보면 세상에 그런 수모도 없을 만큼, 그 일은 사람을 곤궁으로 몰아넣는 행위였다.

'뺨을 맞아가면서도 두는 훈수'라는 관행으로 볼 땐 저쪽이 너무 했다 싶다가도, 나도 바둑 두는 사람으로 내기 바둑에서 성패에 영향을 주는 훈수가, 당사자한테는 어떤 스트레스로 영향을 준다는 걸 잘 알기 때문에, 나는 어쨌거나 그 순간은 죄인이 될 수밖에 없었다.

새로 시작한 판이 끝나기를 기다려 나는 그 사람한테 정중히 사과를 했다. 사실을 그대로 인정하고 용서를 구한 것이다.

"아까는 내가 잘못했습니다. 그만 나도 모르게 툭 튀어나오는 바람에····.

죄송합니다."

내 사과에 그도 같이 사과를 했다.

"예, 알겠습니다. 나도 욱 하는 바람에 바둑판을 쓸어 엎기는 했지만 너무했다 싶기도 하고··· 미안합니다."

하긴 서로가 초면에다, 서로가 우발적으로 만들어낸 일임으로 쉽게 수습은 되었지만, 훈수로 인해 생길 수 있는 불협화음은 그때부터 다른 모습으로 나를 혼란스럽게 만든 것이다.

훈수를 안 하고 조용히 구경하는 방법은 없을까. 그게 뭐 대단한 일이라고, 얼마든지 있다. 꾹 참으면 되는 것이다. 그런데 그게 왜 잘 안 될까. 그렇게 그게 어려운 일인가. 그런 일로 고민한다는 것 자체가 어처구니없는 일이지만 현실적으로 고민하고 있는 데야 어쩌랴.

사실 그날 바둑판 밑에 천 원짜리를 보이게 묻어둔 것도, 내기 바둑이 아닌, 훈수를 방지하기위해 내기 바둑을 가장한 술수라고 했다. 그런 걸 보면 훈수란 불가사의한 재미있는 간섭이 아닐 수 없다. 나도 몇 번 경험한 일이 있지만, 경우에 다라서는 은근히 그것을 기다리는 사람들도 있다는 데는 더 말해 무엇 하겠는가.

그날 이후부터 나는 훈수는 두지 않는다. 포(包)가 포를 넘어도 그냥 구경만 하고 있기로 작정했다는 말이다. 그날 당한 수모는, 나중에 풀기는 했지만, 그러나 지금 생각해봐도 몸서리가 칠만큼 나를 곤혹스럽게 만들지 않았던가. 그 곤혹스러움이 나를 그렇게 만들어 놓은 셈이다.

불법 도로 횡단으로 나는 하룻저녁을 경찰서 유치장에서 보낸 일이 있다. 지도하는 경찰관한테 사실을 인정하고 빌었으면 충분히 훈계에서 끝장을 봤을 터인데 막무가내로 대든 것이 화근을 만든 것이다. 젊은 혈기에, 그런 것도 없으면 바보 취급을 받는 것 같아, "왜 다른 사람은 다 두고 남만 잡아 시비냐"고 같이 맞장을 두다가 그런, 얼마든지 안가도 될 유치장 신세를 진 일이 있는 경험이, 두 번 다시 훈수를 두지 못하도록 학습을 시킨 것이다.

"훈수만 두지 않더라도, 나는 그 사람을 인격적으로 어느 정도 완성된 사람으로 본다."

오늘 들은 이 말은 허투루 들을 말은 결코 아닌 것이다. 액면 그대로 받아들인다고 해도 하나 나무랄 데 없는 '말씀'으로 본 것이다. 남들은 어떻게 생각하는지 모르지만 나는 분명히 그렇게 생각한다. 자화자찬이라고 빈정거려도 좋다.

곧잘 듣는 이야기 가운데 이런 게 있다.

"세상에 가장 빙충맞은 인간이 어떤 놈인 줄 알어. 남 낚시질 하는 옆에 앉아 고기망태를 들고 크니 작으니 투덜대는 놈하고, 고스톱 치는 뒷자리에서"자네 방금 흔들었잖아, 그럼 계산이 틀리는데 "그러면서 참견하는 놈하고, 또 하나는 '훈수는 맞아가면서도 둔다'면서 내기 장기판에 붙어 앉아 이러쿵저러쿵 끼어드는 놈이라고 그러잖아."

세상에는 이런 사람들이 하나둘이 아니라, 많다. 남 볼 것 없다. 지금까지 내가 그렇게 살아오지 않았던가.

요즘은, 이제 확실하게 훈수 하나만은 두지 않고 사는 사람으로 살아가고 있다. 나는 그걸 조그만 '수양' 정도로 생각하고 있는데, 오늘 와서 들으니까 '인격적으로 완성된 사람'으로 엄청나게 격상이 되어있으니 이런 황홀함이 있는가.

# 기념메달의 추억

우리 집 거실 진열장에는 여남은 개의 각종 기념, 상패가 들어있다. 그동안 내가 살아오면서 이곳저곳에서 받은 것들이다. 일테면 내 발자취고, 내 역사다.

잘난 사람들의 것과 비교한다면 하찮은 것들이지만, 나한테는 나름대로 다 뜻이 담긴 것들이라 다른 물건들에 비해 소중하게 보관하고 있다. 다시 말하면, 나는 이렇게 살았노라고, 떠벌릴 것까진 못되지만 우리 집을 찾은 사람들한테나마 은근히 자랑시키고 싶어 거기다가 진열해둔 것이다.

한두 사람은 그것을 보고 전혀 무의미하게 살지는 않았구먼 하는 표정으로 고개를 끄덕이는 이도 있으나, 대개는 안듯 모른 듯 일별一瞥로 지나쳐버려 기대치만큼 효과(?)가 있는지, 그런 건 잘 모르겠다. 하지만 그것도 이제는 볼만 한 사람들은 다 보아, 본숭만숭

구닥다리가 돼버린 지도 한참 되었다.

그러나 이왕 진열해둔 것, 달리 마땅하게 둘만한 곳도 없고 해서 그대로 두고 있는데, 뒤퉁스럽게도 어쩌다가 내가 한 번씩 보고는 엉뚱한 감회에 빠질 때가 있다.

거기에는 문진文鎭으로나 쓸 수 있는 '모범공무원 메달'이 하나 있는데, 그건 볼 때마다 묘한 감흥을 불러일으키게 만든다. 거기에 담겨있는 나만의 스토리가 잠시나마 나를 한 번씩 지난날로 데려다 놓기 때문이다.

-제12회 모범공무원 5469 이응수-

월계수 잎을 연상케 하는 울타리 안에 들어앉아 있는 글씨는 그게 모두다. 당시 받을 때는 윤기도 좀 흐르는 것 같더니만, 가는 세월 앞에는 장사가 없다고, 어느 틈에 이것도 틈서리에는 녹이 슬고, 접착부분은 헐어서 몰골이 다른 여느 상패들처럼 조금씩 흉물에 가까워지고 있다. '세상에 영원한 것은 없다'는 것을 안 게 어제오늘 일이 아니지만, 이 메달을 받는 그 순간을 생각하면 만감이 엉킨다.

1979년도 봄, 당시 나는 공무원으로서 부속실에 근무하고 있었는데, 내가 시중들었던 기관장이 떠나면서 내게 시혜로 준 것이다. 지금은 고인이 된 이범상 청장으로 이사관 직이다.

"이 주사, 그동안 수고했네. 아마 곧 내가 이곳을 떠나지 싶다. 무탈하게 근무하고 떠날 수 있도록 도와줘서 고마워. 올 모범공무원은 자네한테 주도록 인사계장한테 부탁해놓았으니까 받도록 하게나, 알았지."

어느 날 청장이 내게 한 말이다.

누워 침 뱉는 부끄러운 일이지만 그때는 그런 시절이었다. 표창이란 당연히 공적이 있어, 심사위원들의 경쟁적 공적조서에 의한 심사 끝에 수상자가 결정되는 것이고, 또 제도적으로도 그렇게 돼 있다. 그런데 그런 과정을 싹 무시하고 나한테 돌아온 것이다.

나무는 큰나무 밑에서 자라면 그늘에 치어 욕을 보지만 사람은 큰사람 밑에 있어야만 덕을 본다는 대표적 예를 누린 셈이다.

"고맙습니다, 청장님."

나는 그날로 서둘러 그 준비를 했다. 모범공무원에 합당하도록, 없는 공적이나마 꾸며서 조서를 만들어야 하기 때문이다.

요즘은 어떤지 모르지만 당시 공무원 해본 사람들은 훈장 따위의 표창이 어떻게 주어진다는 것은 잘 알고 있다. 뚜렷한 공적이 있어 주는 것도 없는 건 아니지만, 대개의 경우 기관장이 선별해서 주는 게 관례다. 그렇기 때문에 기관장한테 잘못 보이면 그 기관장 밑에 있는 한 받을 수 없으며, 반대로 그가 주고 싶으면 큰 흠이 없는 한 누구한테든 줄 수가 있다.

모범공무원 표창은 그 가운데서도 선택된 사람한테 돌아간다. 청장 밑에 6천여 명의 직원들이 있는데, 한 해에 그들 중 두 사람한테만 혜택이 돌아가니 그게 어디 쉬운 일인가.

모범공무원 표창이란 공무원한테 훈장과 같은 기능을 갖는다. 당해직급에서 승진하는데 최고의 가점을 받을 수 있다. 거기에다가 2년 동안 월 2만원의 포상금도 나온다. 당시 봉급 1/5에 해당하는 금액이다.

일과 후에 혼자 남아 공적조서를 내가 써서, 내 손으로 타이핑을 했다. 일종의 형식이긴 하지만, 뚜렷한 공적이 없더라도 모범공무원 표창의 대상이 될 수 있도록 그려내야 하니, 이 또한 보통 곤혹스러운 게 아니다. 뿐만 아니라 그런 상황을 표창이 끝날 때까지 남이 모르도록 쉬쉬해가며 작성하자니, 그 불안도 아닌 게 아니라 좌불안석이다. 가끔 사전에 노출이 되어 구설수에 올라 못 받게 되는 수도 있는데, 최소한 그런 일만은 막아야 될 것이 아닌가.

이틀 동안 밤잠을 설쳐가며 골몰해 짜낸 공적조서가 완성 다 돼가던 그날 저녁이다. 청내 선배 한사람이 인사계직원을 대동, 선물꾸러미를 들고 집으로 찾아왔다.

"이번에 그 표창 나한테 양보해주라. 자네 알다시피 나는 이번에 시험 못 보면 영원히 끝장이다. 자네는 그 자리에 있으면 또 받을 수가 있잖아. 날 좀 살려주라."

애걸복걸 반, 강압 반으로 조르는 게 아닌가. 내가 모범공무원 표창 받는다는 사실이 어느 틈에 샌 것이다.

고민 끝에 양보를 하고 말았다. 그런데 그게 단순히 양보로 끝나는 게 아니었다. 사나흘 뒤 선배의 공적조서가 올라가자 이번엔 청장의 불호령이 나한테 떨어진 것이다.

"이 봐. 그거 자네 마음대로 팔아먹는 거야. 이런 멍충이 같은 사람을 봤나. 이건 내가 자네한테 주는 거야. 그런데 사람 마음도 모르고 그 따위 짓거리를 하고 있는 거야."

눈물이 쑥 빠지도록 호된 야단을 맞았던 것이다. 그런 곤두박질을 쳐 다시 그 표장이 나한테 돌아오게 되었다.

그리고 보름쯤 뒤 볼 나는 그 메달을 받았다. 매월 초에 있는 정기조회 석상에서 참석한 2백여 명의 직원들의 박수를 받으면서 R청장은 "이 주사, 그동안 수고 많았어요"라는 말을 앞세우고 네게 전수했으며, 나는 조용히 묵묵부답으로 받았던 것이다.

조회가 끝난 뒤 한 친구가 내게 건넨 말은 지금도 또렷하게 기억하고 있다.

"야, 자네한테도 그런 기술이 있었던가."

아마 내가 자리를 이용, 청장을 졸라 받은 것쯤으로 생각하는 것 같았다. 하긴 그거나 이거나 그게 그것이지만, 하나의 표창을 '기술'이란 말로 싸 감다니 듣기가 참으로 민망했다.

표창이란 게 다 그런 연줄로 받는 게 관례라곤 하지만 부끄러운 것만은 지금도 숨길 수가 없다.

바로 그런 과정을 그쳐 받은 것이 그 모범공무원 메달이다. 그리고 4개월 뒤 공무원직을 그만 둬야하는 바람에 모범공무원으로 받아야할 가점도, 포상금도 모두 중도에서 무산이 되고 말았지만, 그 메달한테는 그런 기구한 사연이 담겨있다.

내력을 소상하게 알고 보면 표창 메달로서의 가치보다, 당시 부끄러운 우여곡절의 일화를 간직한 추억의 소장품으로 더 소중한 의미를 담고 있다고 봄이 옳지 싶다.

이왕 나온 김에 그쪽 이야기를 좀 더 해보자.

국어사전에는 상을 '아름답고 좋은 것을 칭찬함'으로 돼 있고, 표창은 '남의 아름답고 훌륭한 일을 세상에 드러내어 밝힘'으로 나와 있다. 하지만 요즘은 구별 없이 묶어 쓰는 경우가 많다. 한 언론사에서 주는 '청룡봉사상'이라든가 '청백리상'이 대표적 예다.

어쨌거나 상(표창 포함)은 모든 사람들의 선망의 대상이다. 많은 사람들이 수상소감에서 '앞으로 더 열심히 하라는 채찍'으로 받아들인다는 말을 남겼지만, 상은 성취시켜놓은 결과에 대한 수혜로 봐야하기 때문이다.

세상이 다원화, 다양화됨에 따라 상을 주는 곳도 많고 받는 사람도 많다. 그래서 그런지 상의 탄생과 권위, 그리고 수상과정에서 일어나는 잡음도 종종 듣는 사람들을 어리둥절하게 만드는 경우가 많다. 표창을 받기위해 권모술수를 가리지 않는 사람들이 있는가 하면 자기한테 돌아온 상복을 거부하는 사람도 나타난다.

해마다 노벨상이 발표되는 10월 하순에 들면 수많은 사람들이 언론에 오르내리며, 그들은 북유럽 쪽으로 귓바퀴를 세운다. 하지만 그런 권위 있는 상도 '명예는 부채'라는 이유로 거부한 이(사르트르 : 문학)가 있는가 하면, 병원 일이 바빠서 수상식에는 참여 못한다는 사람(슈바이처 : 평화)도 있다. 심지어 버나드 쇼(문학) 같은 사람은 "금년(1925년)엔 아무것도 한 일이 없는데 웬 상은···"해서 오묘한 말을 남기기도 했다. 우리 같은 사람들한테 언감생심 꿈에서도 못 그려볼 천상의 이야기 아닌가.

상에는 알게 모르게 많은 것을 품고, 담고, 노리고 있다.

유치원 수료식에서 협동상 10명, 우정상 10명하고 주는 상은 칭찬과 격려의 표시이며, 정년퇴직공무원에게 주는 훈장은 위로의 표시고, 전국노래자랑이나 미술전시회, 체육대회에서 주는 상은 숨은 인재를 발굴하는 기능을 갖는다.

좀 다른 차원으로는 '누상자군야 수벌자곤야屢賞者窘也 數罰者困也'라고 해서 상은 자기가 군색할 때 달래기위해 주는 것이며, 벌은 자기가 곤란할 때 벗어나기 위해 만든 것이란 말이 있듯, 위정자들이 말한테 주는 당근처럼 자기사람으로 만들기 위해 창안한 것이란 말도 전한다.

아무튼 이런저런 구설수에도 불구하고 상을 받는다는 건 기쁜 일이고, 자랑하고픈 일이며, 명예로운 일이다. 많으면 많을수록 좋고, 무게는 무거울수록 빛이 난다.

도배지처럼 벽에 붙여놓은 학생들 우등상에서부터 진열장에 전시해놓은 각종 트로피와 메달, 제복의 가슴에 만국기처럼 울긋불긋 달려있는 약장略章, 기관장실 모퉁이에 즐비하게 세워놓은 우승기들이 모두 그래서 그 자리에 있는 것 아니겠는가.


진열장 속의 모범공무원 메달을 보고 있노라면 이범상 청장의 얼굴이 한 번씩 떠오른다. 이미 고인이 된지도 한참 되었지만 그분은 나한테 참 고마운 분이다. 또 그가 나한테 일러준 말 가운데는 이런 것도 있다.

"가만히 보니 이 주사한테 나쁜 버릇이 하나 있다. 계단 내려갈
땐 주머니에서 손을 빼라고. 큰 일 난다. 그런 건 얼른 고쳐야 해."

# 착한 가격

우리 동네 초등학교 모퉁이 길목에 붕어빵을 구어 파는 포장마차가 하나있다. 40대 후반, 많아야 50대 초반으로 보이는 남자가 운영을 하고 있다. 직접 물어보지 않아 그 까닭을 속속들이 알 수야 없겠지만, 행색으로 짐작하건데 불경기의 여파로 조기퇴직해서, 우선 호구지책의 한 방편으로, 미봉책으로 잠시 붙들고 있는 듯한 인상을 주는 분위기다.

그런데 거기에 붙어있는 가격표가 조붓이 사람 신경을 건드린다.

'한 개 : 300원, 세 개 : 1,000원'

처음엔 그저 그런가보다고는 예사로 지나쳤는데, 하루는 어떤 사람이 저기 붙여놓은 가격표를 한번 보라면서 뭔가 좀 이상하지 않느냐며 지적을 한다. 그때서야 뜯어보니 아닌 게 아니라 이상했다. 내용에 얼른 이해가 가질 않았다. 한 개에 300원인데 세 개에 천원이라니, 세상에 무슨 이런 셈법이 있는가.

"혹 저 양반이 착각을 한 거 아냐."

"착각이라니?"

"낱개로는 400원 받아야하는 걸 실수로 저래 적은 아냐. 안 그러고야 저런 계산이 나올 수가 없지. 안 그래요."

"복잡한 것도 아니고, 실수로 보기에도 좀 그렇잖아."

둘이 나눈 이야기다. 박리다매薄利多賣의 기준으로 볼 때는 한 개 400원이 되어야 제대로 된 계산법이 나온다.

그때서야 4, 50년 전 우리가 한창때 일이 하나 떠오른다.

대학교 부근이라든지 젊은이들이 들끓는 곳에 개피 담배를 파는 곳이 있었다. 리어카 위에 다른 물건과 함께 담배를 갑으로 파는 게 아니라 갑을 헐어 낱개로 팔았다. 내 머리에 저장된 기억으로는 당시 필터가 달린 '아리랑' 담배 한 갑이 25원이었는데, 개피로는 3원을 했었다. 주머니 사정이 어려운 학생들을 상대로 장사를 하다가 보니 그런 발상이 나온 것으로 안다.

한 개피에 3원이면, 스무 개피가 든 한 갑을 다 팔면 60원이 된다. 당시 담배는 국가 전매사업으로 지정한 매점에서만 팔게 되어있어 다른 곳에서는 매매가 허용되지 않았다. 그러니까 그들은 정가에 사다가 변칙적으로 그렇게 팔고 있는 것이다. 어쨌거나 한 개피에 3원을 받으면 이런저런 손실분을 제하고도 남는 장사만은 분명하다.

그런데 거기 붕어빵 가격표는 그런 발상에서 나온 것도 아니었다. 그렇다면 한 개에 400원을 받아야 제대로 된 답이 나온다.

도무지 내 머리로는 답을 찾을 수가 없어 빵을 한 봉지 사면서 엉거주춤 한번 물어보았다.

"가격표 이거 잘못 된 거 아닙니까?"

"어디가 잘못 됐는데요?"

태연한 대답이 잘못된 곳이 없다는 투다.

"한 개 300원이면 세 개 900원이 되든지, 안 그러면 한 개에 400원을 받아야··· 좀 이상한 거 아닌가요."

평소 내 계산법대로 이야기를 했던 것이다.

"이상할 게 뭐 있습니까. 거기 써놓은 대로 사가면 되지요."

내가 묻는 의도를 아는지 모르는지 저쪽은 대수롭잖게 생각하고 자기주장만 고수했다.

"····?"

할 말이 없다.

"잘못 쓴 거 아닙니다."

"아니 계산이 좀·····."

"····"

이번엔 저쪽에서 이해가 안 되는지 대답이 없다. 아마 그때까지도 그는 내가 묻는, 궁금해 하는 까닭을 모르고 있는 듯했다.

조금 뒤 그는, 아직도 이해가 안 됩니까? 한 번 더 묻고는 그렇다니까 그때서야 이렇게 설명을 한다.

"저한테는 애들이 고객이거든요. 애들한테는 천원도 큰돈이란 입니다. 우리들끼리 정한 가격은 세 개에 천원인데, 천원이 없는 아이들도 사 먹을 수 있도록 그래 그런 가격을 만든 겁니다. 하나라도 더 팔면 그게 그거 아니겠어요. 그러면 아이들한테도 좋고 서로가 좋은 거 아니겠습니까. 그래서 그래 써붙였습니다." "···!?"

나는 멍 때린 기분으로 다시 가격표를 한 번 더 쳐다보았다.

듣고 나니 아무것도 아닌 이야기다. 그런데 나는 아무것도 아닌 그 답을 얼른 못 생각해내고 왜 허우적거렸는지 모르겠다.

나는 붕어빵 한 봉지를 달라고 들고 나오면서 나를 비웃어주었다. 마음 같아서는 '에이 멍청아' 하고 내 머리를 되게 한번 쥐어박아주고 싶은 마음까지 내켰다.

아무것도 아닌 셈법을 그때까지 내가 왜 못 찾아내고 있던지 그 배경을 한번 생각해보지 않을 수가 없었다.

상거래에는 이득이 생겨야만 이루어진다는, 일테면 보편적인 상혼商魂의 그림자가 나를 덮어 씌어 놓았고, 나는 어처구니없게도 그 올가미에서 좀처럼 못 헤어나고 있었던 것이다. 착한 가격이란 말을 들어보긴 했지만 이런 건 또 처음이다. '아름다움'을 하나 더 보태고 싶다.

흔히 우리는 못 믿을 세 가지 거짓말에 이런 걸 내세운다. 늙은이 죽고 싶다는 이야기, 처녀들 시집 안 간다는 이야기, 또 하나는 장사치들 본전에 판다는 이야기. 그 가운데서도 마지막 장사치들 본전에 판다는 이야기가 가장 억세게, 집요하게 나를 지배하고 있었기 때문이라고 본다.

1+1, 폭탄세일, 90% 할인판매, 마일리지 적립카드 따위의 기법에 학습된 나한테는 이미 한계점에 온 것일까. 입으로만 고정관념을 깨라고 떠들었지, 정작 자신은 그 관념에서 한 치의 오차도 두려워 못 헤어나고, 아니 안 벗어나려고 발버둥을 치고 있음에랴.

아무리 자신을 일깨워 생각해봐도 왜 그렇게 쉬운 걸, 아니 그런 하찮은 일에 끝내는 항복을 하고 말았으니, 나한테 붙은 속물근성이 얼마나 뿌리 깊게 내렸는지 알만하다. 이것도 하나의 이념이라면 더 말할 것도 없다. 아무래도 이 허탈은 복구가 어려울 것 같다.

포장마차 주인 보기가 부끄럽다. 안 물을 걸, 그냥 혼자만 짐작하고 모른 척 할 걸, 괜히 물었다만 싶다. 나 대신에 그 사람이 내 머리에다가 '에잇, 멍청아'하고 쥐어박은 건 아닌지 모르겠다.

모처럼 또 나이가 부끄럽고 황송하다. 모르는 게 약이었는데.

# 미친 존재감

지하철 안이다.

건너 쪽에 앉은 한 사내의 신발이 내 시선을 묶는다. 스물 안팎으로 보이는 그는 운동화를 짝짝이로 신고 있다. 한 짝은 분홍이고 다른 짝은 파랑이다. 거의 상반되는 색이어서 확실하게 눈에 띈다. 어쩌자고 신발을 저렇게 신고 다니는 걸까. 다른 사람들은 어떤지 모르지만 나한테는 도무지 이해가 안 되는 조합이다.

처음 나는 예사로 보았다. 좌석 밑으로 뻗은 하체만 보았을 땐 각각 다른 사람들의 발이라고 생각했던 것이다. 그런데 다시 보니 한 사람이 그렇게 신고 있는 게 아닌가. 꼴값 한다는 게 따로 없다. 아무리 개성시대라 해도, 이건 천만에 아닌 것이다. 적어도 내 눈엔 그렇다는 말이다.

저 친구가 왜 저런 조합을 연출하고 있을까. 정상적인 사람의 사고방식으로는 좀처럼 이해가 난감한 대목이다. 물론 내가 내린 결론이니 나를 정상으로 보고 판단한 것이다.

나는 여러 경우를 생각해보았다. 맛이 간 사람은 분명히 아닐 터이다. 모르고 저렇게 짝짝이를 끼고 나온 사람도 아닐 것이다. 색맹도 잠깐 생각해 보았지만 그런 거 까지 참여시키기엔 주인공이 너무 건강하고 당당하다.

그러고 보면 더 다른 생각은 할 필요도 없다. 고의로 그렇게 신고 나온 거밖에는.

좀 더 비약을 해서, 사실을 긍정으로 묶어놓고 그쪽을 더듬어 본다. "상혼商魂의 작용은 아닐까"가 우선 떠오른다. 하도 기상천외의 발상이 많은 세상이라 "신발도 저렇게 짝짝이를 만들어놓고 만들어 파는 건 아닌지 모르겠다"가 그것이다. 그렇다면 '짚신도 짝이 있다'는 속담은 이제 시효를 챙겨봐야 할 시점이 왔다고 봐야한다.

또 하나는 남의 눈에 튀어 보이려고 처음부터 기발한, 딴에는 아이디어라고 내세워, 두 켤레의 신발을 사가지고는 짝짝이로 신고 나선 건 아닐까 하는 관점이다. 말하자면 발광發狂끼의 작태로 연출해서 세간의 시선을 끌어보려는 계산쯤으로 본 것이다. 성공만 한다면 두 마리 토끼를 다 잡은 셈 아닌가.

옆자리 사람들 눈치를 한번 본다. 다른 사람들은 저런 작태를 어떻게 받아들이는가 싶어서다. 나와 눈이 맞자 모두 히죽이 웃는다. 확실한 뜻은 알 수가 없지만 긴가민가한 표정이, 나와 크게 다르지 않다는 듯한 느낌이다.

밥상머리에서 우리 아이들한테 한번 물어 보았다. 나는 가끔 문화적 충돌이나 시속時俗으로 인한 불화가 생길 땐 곧잘 아이들한테 잘 묻는다. 아무래도 나보다는 한 통속에 가까우니까, 그걸 나름대로는 하나의 지혜로 생각한 것이다.

"너희들은 그런 걸 어떻게 생각하니?"

'짝짝이 운동화' 사실을 설명하고, 내 생각까지 보태어 묻는다.

"아버지가 그런 데 깊이 관여할 필요가 뭐 있습니까. 그러려니 하고 그냥 봐 넘기면 될 텐데요."

"지가 그렇게 신고 싶어서 그런 거겠죠, 뭐."

물어보나 마나 한 대답들이 나왔다.

"그럼, 너희들도 모른다 말이지."

"거기에 모르고 알고가 왜 들어갑니까. 저래 신고 싶은 젊은이들도 있구나, 그래 보면 되죠."

"아니 그럼 너희들은 옆에서 누가 해괴한 짓을 하더라도 그냥 구경만 하고 있겠다, 그거냐."

"그건 아니지요. 그게 해괴한 짓거리는 아니잖아요."

"그거나, 그거나 마찬가지 아냐?"

"해괴한 것과는 다르지요."

"남 안하는 짓을 하는데, 그런 게 해괴한 게 아니면 어떤 게 해괴한 거냐?"

한번 다그쳐 따져본다.

"모르긴 해도 거기엔 분명히 까닭이 있을 겁니다."

"바로 나는 그 까닭은 묻는 거다. 그게 알고 싶은 거야."

"참 아버지두. 앞으론 그런 일엔 신경 쓰지 마세요. 그런 일에 다 신경쓰시다간 길에 다니지도 못합니다."

뭔가를 기대하고 꺼내놓은 것 자체가 실수고, 무의미 했다.

더군다나 그중에도 어려서 그런지 막내는 더 튄다. 대학교 다닐 때 같이 승용차를 타고 가면서, 주유소에서 기름을 넣고 주유원한 테 "오늘 신문이 없나, 전에는 주더니만" 했더니, 이 녀석이 듣고는 "아버지! 저 친구한테 말을 왜 놓습니까. 제가 저 사람이라면 저도 같이 놔버리겠습니다"해서 한번 실랑이를 한 사실이 있는 터라, 그런 녀석한테 내가 원하는 답이 나올 턱이 없다.

그런 일이 있고 난 두어 달은 지냈는지 모르겠다. '짝짝이 신발'에 대한 건 미궁에 빠트려놓은 채 다 잊어버리고 지내던 어느 날, 이번엔 또 그것보다도 더 신기한 걸 하나 봐야 했다.

오른쪽 가랑이와 왼쪽 가랑이가 각각 다른 색깔로 된 바지를 입고 있는 여자를 발견한 것이다. 그야말로 그건 하나의 변이였다.

푸른색과 붉은색. 그렇지 않아도 엉덩이에 살이 올라 뒤뚱거리는 걸음걸이인데다가 색깔까지 그렇게 칠하고 나서자 양쪽 엉덩이가 널뛰기를 한다. 도대체 이건 또 뭔가 말이다. '짝짝이 운동화'는 여기에다 비하면 약과다.

옆을 지나가는 사람들이 모두 사팔뜨기를 만들어 힐끔힐끔 돌아본다. 그 표정들도 다양하다. 삐쭉거리는 사람, 멍 때린 얼굴을 만든 사람, 빙그레 웃는 사람, 넋을 놓고 보는 사람 등등····. 당당한 건 여자 혼자뿐이다. 배포가 큰 건지 미친 건지 나 같은 사람 식견으론 감을 못 잡겠다. 나는 죽어도 그런 코디는 엄두도 못 낼 일이니까. 이런 건 어디 가서 한번 물어볼 데도 없다.

시내 한 네거리의 건물에서 야단스럽게 펄럭이는 현수막 하나를 발견했다. 거기에는 이런 글이 들어앉아 있었다. 노랑바탕에 파란, 그것도 삐딱하게 내갈긴 글씨라 쉽게 시선이 걸린다.

'내가 두 번 다시 옷장수를 하면 (犬) 자식이다.'

도대체 저런 문구가 저기에 왜 걸려 있을까.

'犬(개견)'자가 특히 크고 현란했다. 분명히 무슨 곡절이 있긴 있지 싶은데 나타난 것만으로는 얼른 답이 안 나온다.

언젠가 문文씨 성을 가진 양반이 시장으로 있을 때, 시정을 반대하는 사람들이 내건 플래카드에 '百文은 不如一犬이로소이다(당신 같은 시장 백 명이 있어봐야 개 한 마리 턱도 안 된다'는 '百聞不如一見'을 고약하게 이용한 일이 있었는데, 그 문구를 보는 순간 그 생각이 얼핏 스칠 뿐, 더 이상 떠오르는 건 아무 것도 없었다.

그런데 옆에 보조역으로 붙여놓은 쪽지들을 보니 감이 잡힌다. 말하자면 자기를 개로 비하시켜 폭탄세일을 해보겠다는 야망이 담긴 말장난 문구였다. 굳이 풀이를 해본다면 옷 장사를 하다가 몽땅 말아먹었으니, 앞으로 두 번 다시 이 짓은 안하겠다는 신념으로 떨이를 하고 있다는 내용으로, 헐값에 판다는 걸 남다르게 강조한 것으로 보인다.

이런 걸 걸작으로 봐야할지, 가관으로 봐야할지, 기똥찰 노릇으로 봐야할지, 한심한 작태로 봐야할지, 아니며 또 다른 걸로 봐야할지 모르지만 남이 안하는 짓만은 분명하다.

어쨌거나 보기 드문 별난 짓으로 주의를 환기시키는 일반은 분명하다.


TV 화면에서 빡빡머리, 노랑머리, 변발머리 같은, 신체의 일부를 정상이 아니게 변화시켜 출연하는 사람들이 더러 있다. 이는, 워낙 출연하는 사람들이 많으니까, 어떻게 하면 자신을 시청자들 눈자리에 남도록 하기 위한 발버둥의 일환으로 볼 수 있다.

좋게 말하면 남다른 개성의 표출이고, 심하게는 존재감을 깃발로 꽂아보려는, 일테면 생존경쟁에서 살아남기 위한 열정, 또는 발광으로도 볼 수 있다.

"고정관념에서 벗어나라."

"기존의 틀을 깨라."

"상식을 파괴하라."

한동안, 아니 지금도 경쟁사회에서는 너, 나 없이 많이 써먹는 말이다. 지금까지 해온 방식으로는 잘 안 되니까 몸부림을 쳐 뚫고 개척해보자는, 자신의 머리를 쥐어박아보자는 경구로 알고 있다. 미친 존재감으로 상대방의 시선을 묶어놓자는 이야기다.


답이 되는지, 어떤지는 모르겠지만, '짝짝이 운동화'의 의문은 그게 푸는 수밖에 없다.

짝짝이 운동화를 신은 친구를 처음 보았을 때 저 친구가 저런 식으로 신는다면 운동화 값은 배로 들겠지 생각했었는데, 다시 생각해보니 경제적으로는 하나도 손해 볼 게 없다. 거기에도 일석이조가 하나 나오네. 나중에 다시 짝짝이로 신으면 그게 그거 아닌가.

# 제3부
## 참으로, 알다가도 모를 일

# 모르는 게 약이라지만

우리 집 응접실 벽에 동양화 그림 한 폭이 걸려있다. 한 30호 쯤 되는, 괴석塊石으로 생겨먹은 돌무더기 틈으로 난蘭이 듬성듬성 돋아난, 문인화로서는 좀 흔한, 먹 하나로만 그린 그림이다.

그림을 몰라 그런지 어찌 보면 환쟁이들이 장난을 쳐놓은 듯 시시콜콜해 보이다가도 또 어찌 보면 삼전지도三轉之圖로 뻗어 올라간 입사귀가 운치를 품고 있는 것 같아 눈길이 한 번씩 오래 머물 때도 있다. 어쨌거나 그런 그림이라도 거기 하나 붙어있으니까 없던 때보다는 근사하게 어울렸다. 거실의 격도 한껏 살아나는 듯했다. '石蘭'이란, 나름대로 이름도 하나 달아보았다.

지금 사는 아파트에 이사 오고 집들이하던 날 동생이 가지고 온 물건이다. 주는 사람 낯을 생각해 그날 바로 그 자리에서 붙어있던 달력을 걷어내고 대신 걸어놓았다.

"어, 이 집에도 동양화가 한 폭 걸려있네"

그 뒤로, 우리 집을 찾는 사람들의 반응이다. 그 그림으로 해서 덤으로 식구들의 심미안이며 취향까지 업그레이드되는 듯한 느낌마저 받는다.

그러나 그것뿐 5, 6년 동안 거기 걸어놓았더니 싫증도 좀 나고, 처음 생각과는 달리 아파트라는 구조와는 융합도 어색한 것 같아 다른 물건이 있으면 한번 바꿔봤으면 싶던, 이제는 대접도 심드렁해 하던 어느 날이다.

액자 속에 들어있는 문수산인文岫山人이란 화가가 누구란 걸 알았다. 그동안 이사람 저사람 기회만 생기면 물어보았으나 누구도 아는 이가 없었는데 그때서야 찾아낸 것이다. 우리 동우회, 서실에서 받아보는 정기적으로 받아보는 〈月刊 書藝〉라는 잡지가 있는데 거기를 뒤적거리다가 발견한 것이다.

오원吳園 장승업張承業의 여러 개 있는 아호 가운데 하나라고 했다. 그는 단원檀園 김홍도, 혜원蕙園 신윤복과 함께 조선 3대 화가 중 한사람이다. 그의 아호 오원의 뜻도 '당신들만 원園이냐 나도 원이다'해서 그렇게 나 오吳자와 동산 원園자를 썼다는 설명까지 들어있었다. 언젠가 칸 영화제의 감독상을 받은 임권택 감독의 '취화선'의 주인공이 그 사람이라는 친절한 설명까지 들어있었다. 나한테는, 아니 우리한테는 큰 궁금증 하나가 해결된 셈이다.

사실 그림을 가져오던 날 나는 동생한테 거기 들어앉아 있는 '문수산인'이 누구냐고 물어보았다.

"형님도 모르는 사람이라면서 내가 우째 압니까?"

동생의 대답이었다.

자기도 누구한테 얻은 그림이라며 잘 모르겠다는 대답이어서, 그 동안 여기저기 물어도 보고 인터넷을 헤매도 보았으나 못 찾았는데, 그날 실로 우연히 잡지 속에서 만난 것이다.

그런데다가 그 무렵 TV '진품명품'에서 장승업의 그림 한 점이 나왔는데, 그게 시가로 3천만 원 때리는 걸 본 이후부터 식구들 입이 딱 벌어진 것이다. 그만 그때부터 조용하던 우리 집이 '石蘭'으로 인해 술렁거리기 시작했다.

"저게 정말 진짤까. 아무리 생각해봐도 아리송한데."

"날 잡아서 방송국에 한번 들고 가볼까."

"만에 하나 진품이라면 사실을 얘기하고 되돌려주는 게 맞지 않을까."

설왕설래 말이 많을 수밖에 없었다. 견물생심見物生心의 속물근성이 자신들도 모르게 드러난 것이다. 그러다가 급기야는 그림 준 사람을 저울위에 얹어놓고 이러쿵저러쿵 눈금마자 배겨보기에 이르렀다.

"혹 짝퉁아냐. 진짜 같으면 아무리 우리가 큰집이라곤 하지만 쉽게 우리한테 줄 턱이 없을 텐데."

"그 양반도 그림은 맹탕아냐. 얼마든지 그럴 수도 있지 뭐."

"나중에라도 알면 돌려 달라고 그러지 않을까."

이야기는 점입가경으로 치닫는다. 일 돌아가는 거 보니까 어떤 방법으로든 해결이 안 되고는 어려울 것 같아, 그리고 그 일은 내가 나서지 않고는 어려울 것 같아, 이윽고 미봉책이나마 정리를 하기에 이른 것이다.

"앞으로는 모두 모른 척 하고 입을 닫아라. 지금 와서 진짜면 어쩔 거고 가짜면 어쩔 거냐. 그러니까 안듯 모른 듯 그냥 지내란 말이다. 알았제."

일단 힘으로나마 난무하는 낭설은 막아놓았다.

그때부터 가족들은, 물론 여기에는 나도 예외가 될 수가 없다, 지금까지 별무관심이었던 '진품명품' 프로그램에 필요 이상으로 매달리기 시작했다. 이는 관전수준의 향상이라기보다는 혹 '石蘭'이 뜻밖에도 우리 집을 횡재로 만들어주는 건 아닐까하는 엉뚱한 졸부근성의 작용이리라. 지금까지 TV 관전 행태를 보면 쉽게 알 수 있다.

하루는, 그날도 우리는 전 가족이 '진품명품'앞에 앉게 되었다.

화면에는 산골의 화창한 봄날을 그린 듯한, 복사꽃이 만발한 산등성이를 배경으로 한 농부가 이랑이 긴 밭에 쟁기질을 하고 있는, 지난날 전형적인 우리네 농촌풍경을 그린, 20호쯤 되는 청전靑田 이상범李象範의 동양화 한 점이 나와 있고, 그 그림을 가운데 두고 아마추어 감정단으로 나온 연예인들과 사회자가 이런저런 이야기를 나누며 그림 값을 매기고 있었다.

"이걸 한참 보고 있으니까 저희 고향에 들린 느낌이 드네요. 두엄 냄새도 나고, 여기 미루나무 우듬지에 달린 까치집에서는 금방이라도 까치가 날아들 것만 같습니다. 이건 그림이 아니라 우리가 여행을 하면서 차창 밖을 내다보는 듯한 착각을 갖게 하는데, 정말 멋들어집니다."

아마추어 감정단으로 나온 사람들 가운데 하나가 능청스레 늘어놓는 소감이다.

그밖에도 그와 어슷비슷한 이야기들이 오고 갔다. 아마추어들이 제대로 아는지 어떤지는 모르지만, '청전'이라는 아호만은 이미 알고 있는 듯 했고, 그러자니 작품보다 지명도에다 더 비중을 두어 값을 매기는 듯한 인상을 풍긴다.

많이 적은 사람은 1억 2천만 원이고, 적게 매긴 사람도 3천만 원을 매겨 놓는다. 참고 로 해도 무방하다면서 연초에 어느 갤러리에서 7천만 원으로 거래되었다는, 같은 작가의 비슷한 화풍의 그림 한 점도 옆에 나와 있었다.

그런데 결과는 뜻밖이었다. 전문 감정단의 감정은 단돈 만원으로 나온 것이다. 방청석 여기저기서 어~, 오~, 하는 탄성도 터진다. 너무 엉뚱한 가격이라 믿어지지 않는다는 표정들이다. 그건 시청하는 우리도 마찬가지다.

바로 감정위원의 해설이 뒤를 잇는다.


"결론부터 이야기하겠습니다. 이 그림은 청전의 이름을 도용한 위작입니다. 이상범 선생은 우리한테 너무 잘 알려진 우리나라 산수화의 대표적 화가지요. 학교는 중학교도 못 나왔지만 동아일보

재직 시 손기정 선수의 일장기 말살사건에 연루돼 옥고도 치렀고, 그 뒤 홍익대 교수, 국전 심사위원 등을 역임한 유명한 분 아닙니까. '산가춘색山家春色'이라 해서 선생한테는 저 그림과 똑 같은 그림이 따로 있습니다. 저는 그 그림이 어디에 있다는 걸 알고 있기 때문에 사전에 한번 알아봤습니다. 처음엔 혹 그 그림이 아닌가했지요. 저 그림은 우리가 봐도 저렇게 같을 수가 있을까 싶을 만큼 잘 그린 그림입니다. 보통 동양화는 원근 처리에서 진위가 드러나기 십상인데 이건 그것도 아니에요. 한번 보세요. 아까 어느 분이 얘기했는지 모르겠습니다만, 위작만 아니라면 정말 멋들어진 작품입니다. 위작은 우리가 통상적으로 값을 만원으로 붙이는데, 어떤 분이 그러더구만요, 아무리 위작이라도 거기 들어간 물감도 있고, 액자 값도 있는데 만원으로 몰아세우는 건 너무한 게 아니냐고 말입니다. 물론 그렇게도 생각할 수는 있습니다. 그러나 우리가 볼 땐 만원도 많은 겁니다. 왜냐면 위작은 그 자체가, 그 속에 담긴 그릇된 정신, 술수 등을 감안한다면 그대로 폐기처분해야 되는 물건이거든요. 그래서 진품을 보호한다는 차원에서 그런 값이 나온 겁니다."

감정위원의 이야기가 끝나자마자 기다렸다는 듯 선뜻 누가 나선다. 카메라도 예상을 못했던지 한참 뒤에서야 이야기 한 사람을 잡아 화면에 띄우는데 보니 출품한 그림의 임자다.

"선생님께 하나 물어보겠습니다. 똑같은 그림인데 청전 화백이 그렸다는 이유 하나로 억대를 오르내리고, 청전이 아닌 다른 사람이 그려 똥값이 된다면, 우리가 감상하는 건 어디까지나 그림인데, 어떻게 그런 대접을 받아야 하는지, 무식한 소치이겠지만, 제 생각엔 뭐가 잘못 돼도 크게 잘못 됐다고 보는 데요"

그 질문은 바로 내가 한번 해보고 싶었던 의문이었다. 그전에도 그런 생각을 몇 번 했지만, 내 처지에 알아볼만한 곳도 없고 해서 궁금하게 지내던 참이라 더했다.

감정위원이 잠시 머뭇거리다가 받는다.

"거기에 대해선 우리도 할 말이 없습니다. 방금 얘기한 그것으로밖에 다른 대답은 못 하겠네요."

그리곤 묘한 웃음을 바른다.

" . . . ."

그림 주인도 도무지 이해가 안 된다는 표정이다.

한참 뒤에서야 의기소침해질 수밖에 없는 그쪽을, 감정위원이 허방에 빠진 사람한테 손을 내밀어 잡아주듯 뒷말을 잇는다.

"우리도 신문을 보고 안 겁니다만, 이중섭李仲燮화백의 그림은 75퍼센트가 위작이라고 나와 있더구만요. 지금 우리가 이야기하고 있는 청전의 그림도 31퍼센트가 위작이라고 하는데, 이건 유통되는 그림 세 개 중 하나가 가짜라는 이야깁니다. 우리도 감정위원이란 자격으로 여기에 나와, 딴엔 최선을 다하고 있습니다만, 가끔 색안경을 끼고 보는 사람들이 있다는 걸 알고 있습니다. 하긴, 우리라고 어디 실수가 없겠습니까. 그러나 또 이런 것도 한번 생각해볼 수가 있습니다. 위작을 안작贋作이라고도 하는데, 춘추좌씨전인가 어디에 보면 이런 이야기가 나옵니다. 옛날 중국 제齊나라가 노魯나라를 점령해서 참정讒鼎이라는 솥을 내놓으라고 했습니다. 그게 유명한 보물인가 봐요. 가지고 온 물건이 아무래도 이상해서, 당시 악정자춘樂正子春이라는 유명한 감정가가 있었는데, 그 사람을 불러 확인을 해보았습니다. 결과는 가짜라는 판명이 나왔나 봐요. 그러자 제나라 임금이 "됐구나, 나는 그래도 이 참정을 좋아할 수밖에 없다"고 말했고, 감정한 사람은 또 그 사람대로 "신 역시 신의 감정을 믿습니다라"고 한 고사가 있습니다. 안작이라는 말이 그 고사에서 나왔다고들 합니다. 그러니까, 이건 무척 조심스런 이야깁니다만, 위작은 위작대로 가치가 있지 않나, 그런 생각도 아닌 게 아니라 해볼 때가 있더라 그 말입니다. 오늘 여기에도 해당되는 말인지는 모르겠으나, 모르는 게 약이라는 말도 있잖아요. 어떻게 나온 건지는 모르겠습니다만, 우리나라에도 위작 전문화가가 80여명이 넘는다는 통계가 나와 있습니다. 또 재미있는 건 위작에도 A, B, C로 등급이 나와 있다니 참으로 알다가도 모를 일이기도 하고요. 사람 사는 세상의 일이고, 학문으로 보면 일종의 인문학인데, 어떻게 정의를 내려야 좋을 지 참 어렵습니다."

그렇게 말한 감정위원은 자기가 한 말이 새삼스레 시뜻했던지 자기 말에 자기가 웃는 듯한, 엉거주춤한 표정을 연출했다.

그만 분위기가 이상하게 엉키는 듯 했다. 대학교수로 공영방송에 나온 감정위원이란 양반이 자기가 한 말을 자기가 시답잖게, 자신

없이 몰아가고 있으니 모양이 얄궂게 될 수밖에 없는 모양이다.

그러면서 그는 또 이런 이야기를 하나 더 보탠다.

"먹으로 대나무만 그리는 묵죽화가 가운데 수운岫雲 유덕장이란 화가가 있습니다. 이정, 신위, 지금 말씀드린 유덕장을 합해서 별도로 조선조 3대 묵죽화가라고 부르는데, 그가 유명하게 된 이면에는 이런 일화가 하나 있지요. 어떤 사람이 중국을 가면서 여행용품을 싸가지고 간 포장지에 그 양반이 그림이 들어있었던가 봐요. 그런데 그게 중국 유명화가 눈에 띄어 그만 하루아침에 무명에서 유명이 되었다는 것 아닙니까. 물론 그전까지는 시골 서생에 불과했는데 · · · 이런 이야기가 있는 거 보면 세상일이란 알다가도 모르는 거고, 유명하다는 그림도 그게 왜 유명한 건지 명색 전문가라는 우리가 봐도 아리송할 때가 많습니다."

그날 이후부터 우리들의 심미안 각도도 이상야릇하게 흐느적거리기 시작한 것이다. 집에 걸린 '石欄'을 보는 관점도, 방향이야 어찌됐던, 달라진 것만은 분명해졌다는 말이다.

실은 나도, 우리 '石欄'이 진품이라고는 천만에 보지 않는다. 그동안 살아오면서 세상을 보는 눈이 그런 걸 쉽게 허용하지 않았고, 따라서 '石欄'도 몰아서 그 속에 다 포함시킬 수밖에 없었던 것이다. 동생을 불신해서가 아니라 그만한 명성을 가진 사람의 그림이 이런 시골까지 돌아다닐 턱이 없다고 본다는 말이다. 더군다나 그것도 돈으로 구입한 것이 아니라, 누구한테 일을 봐주고 선물로 받은 것이라는데, 그것만으로도 답은 이미 그 안이 다 들어있다고 본 것이다.

식자우환識字憂患이란 말이 있다. 주로 부정적으로 쓰이는 말이다. 결국은 아는 게 탈을 만든 것인데, 여기에서 안다는 건 기실 모르는 것만도 못한 지식이다.

좀 궁금하긴 하지만 이도저도 몰랐더라면, 그냥 동생이 형 집에 집들이 오면서 가지고 온 벽걸이 화첩으로만 생각하고 더 진전이 없었더라면, 아무것도 아닌 일을 그놈의 얄팍한 지식과 어설픈 관심이 화근을 만든 셈이다.

"글쎄. 누구 그림인지 나도 모르겠구먼. 동생이 집들이 오면서 가지고 온 건데, 거기 걸어놓으니까 참 잘 어울리네."

문수산인이 누구란 걸 알기 전, 어쩌다가 누가 물으면 내가 한 대답이다. 일테면 그때가 행복했던 것이다. 모르는 게 약이란 말이다. 한사코 동생한테 지다위를 품는 일만은 없었던 것이다.

이건 똑 같은 그림이 짝퉁과 진품으로 구분되면서 불거진 비극과는 별개의 문제다.

참으로 요지경 속을 살고 있는 기분이다. 그림을, 다시 말해 작품을 사실의 가치로 평가하지 않고 거기에 붙은 작가의 이름에 따라 가치가 달라질 수 있다니, 아무래도 나 같은 사람들한테는 이해하기가 너무 힘 든다. 하긴 가만히 있으면 본전은 되는데 이런 걸 떠벌린다는 것 자체가 벌써 무식의 무덤을 스스로 파는 길인지는 모르긴 하지만.

# 난蘭한테는 죄가 없다

병원에 달포 간 입원한 일이 있다. 대구 파티마병원 신관 3층 신경외과 병동이다.

어느 날 아침 잠자리에서 일어나다가 그대로 주저앉아 넘어졌다. 세상이, 천지가 마구 빙글빙글 돌았다. 지금까지 한 번도 경험한 일이 없는 이상증세가 찾아온 것이다. 마음은 번한데 몸뚱이가 도무지 말을 듣지 않는다. 인근 병원에 들렀더니 큰 병원으로 가라고 했다. 그래서 간 곳이 그쪽이었다.

바로 종합점검에 들어갔다. 주치의는 만년필 같이 생긴 전등으로 눈까풀을 까집어서는 동공을 비쳐보기도 하고, 타일이 나란히 박힌 바닥에 세워놓고 어린애처럼 똑 바로 걸어보라고 주문을 하는가하면, 손가락을 차례대로 펴선 곱아보라는 등, 갑자기 그런 수준으로 퇴화된 걸로 보는지, 아주 유치한 짓거리를 다 시켰다. 혈액검사, 심전도, MRI 검사도 당연히 했다.

"서둘러 잘 왔습니다. 큰일 날 뻔했어요. 뇌졸중 증세입니다. 쉽게 말해 중풍인데 일단 입원부터 해서 추이를 살펴봐야···."

바로 입원을 했다. 다행히 증세는 이내 호전되어 큰 걱정을 했던 수술 같은 건 안 해도 되었다. 그렇다고 퇴원하는 건 아니었다. 약물치료를 하면서 차도를 지켜보자는 주문이었다.

내가 들어있는 병실은 6명이 사용하는 3등실, 일반 병실이었다. 들어서면 양쪽으로 침대가 3개씩 있는데 내 자리는 오른쪽 창 옆이었다. 아침이면 햇살이 가장 먼저 기웃거리는 자리로 그 병실에서는 가장 명당인 셈이다. 입원하면서 바로 얻어낸 자리가 아니라 일주일쯤 세면대가 있는 입구 쪽 자리에 있다가 마침 퇴원한 사람이 생겨 그 자리를 텃세로 차지한 것이다.

언제 퇴원할지도 모르는 형편이라 장기전을 펴자면 병원생활에 정을 붙여야한다. 그때부터 한 병실의 환자와 가족들은 모두 이웃사촌으로 지낼 수밖에 없었고, 또 자연히 그렇게 돌아갔다.

그 무렵 내 눈에 재미있게 등장한 물건이 하나 생겼다. 바로 건너쪽 환자의 사물함 위에 올라앉아 있는 난 화분이 그것이다. 때마침 꽃까지 달고 있어 내 자리에서도 향내가 얼비치는 듯한 느낌을 갖게 한다.

주로 휴지통이며 음료수병 따위가 늘려있는 다른 사람들의 그 자리와 비교한다면 아주 우뚝하고 돋보인다. 연분홍 포장지도 우아한데다가 거기 달린 리본속의 글씨가 주변 사람들을 한 번씩 더 기웃거리게 만든다.

파랑, 노랑, 두 가닥 리본이 늘어져 있는데 한쪽은 '쾌유를 빕니다', 다른 가닥은 '국회의원 김○○'가 들어있다. 리본은 누구나 읽기 좋도록 중앙을 향했다. '김○○'은 이 지방 출신으로 이름만으로도 그 양반 분위기가 감지되는 그런 인물이다.

하루는 우리 계원들이 문병차 병원을 들렀다.

"어찌 된 거여. 소문에는 자네 힘으로 걸어선 퇴원 못할 것 같이 났더이만 멀쩡하네. 어디가 아프다는 거여."

분명히 찾아본 목적은 나한테 있는데, 이 말 한마디를 던져놓고는 그때부터 그들은 젯밥에 더 관심이 많았다.

앞자리의 환자, 아니 환자보다는 그 사람 사물함위에 있는 화분에 눈이 꽂히자 모두 그만 그쪽으로 홀랑 빠진 것이다. 그쪽이 잠시 자리를 비우자 그 틈을 타 질문이 쏟아졌는데 그게 잘 증명해준다.

"저 사람은 누구여?"

"화분 보니까 방귀 깨나 끼는 사람 같은데"

"저 양반도 여의도 출신인강?"

저마다 나오는 대로 한마디씩 수군거리며 떠벌리기 시작한다. 그런 거 보면 누가 뭐래도 국회의원이 대단한 것만은 분명했다.

"나도 모른다. 저엉 그렇게 궁금하거든 직접 한번 물어보라구."

적당히 같은 박자로 받아준다.

사실, 그때까지 열흘 넘게 같이 지냈지만, 그리고 얘기도 더러 나눴지만, 나도 그가 누구란 걸 확실히 모른다. 분위기로 파악하건데 큰 시장에서 장사를 좀 크게 벌려 놓은 사람도 같고, 시중 건달패 같은 느낌도 드는데, 직접 물어보기는 좀 그랬던 것이다.

이런 자리에서 사람 보는 기준은 주로 신언서판인데, 난 화분이 들어 자꾸만 방해를 하고 있는 것이다. 사람은 또랑이인데 서울대학교 졸업장이 들어 자꾸만 혼란하게 만들듯.


내가 직장생활하면서 기관장 부속실에 근무할 때 이런 일이 있었다. 하루는 당시 이 지방 출신인 국회교체위원장이 기관장을 만나러왔다. 그들이 만나는 동안 수행비서는 나랑 같이 있었는데, 그는 수인사만 나누고는 코앞에 갖다놓은 커피도 잊은 채 볼펜으로 뭔가를 열심히 적고 있었다.

"커피가 다 식어 가는데, 뭘 그렇게 열심히 합니까."

"궁금하거든 한번 보세요."

대수롭잖게 말했다. 그가 들고 앉은 건 한 무더기의 엽서였다. 똑같은 내용이어서 한 장 들고 읽어보았다.

"안녕하십니까. 그저께 오후 이곳에 도착했습니다. 평소 김형께서 베풀어주신 고마움이 이런 먼 곳에 와있으니 더욱 가슴을 파고듭니다. 우리의 새마을 사업은 이곳 프랑스에서도 이름이 났습니다. 내일은 독일로 떠납니다. 귀향하는 대로 찾아뵙기로 하고 문후 여쭙니다. 파리에서 박○○드림"

내가 다 읽기를 기다려 그가 말했다.

"우리 영감님이 모레 외국에 나가거든요. 내용 보면 알겠지만 지방 유지들한테 보내는 건데, 프랑스에 가서 쓴 양으로 연극을 하자니까 이런 방법밖에 없잖아요. 지역구를 관리하는 방편의 하나인데, 우리 수행비서들이 하는 일이 주로 이런 겁니다."

자기 상사를 돕는 일인데도 어쭙잖은 구석이 있었던지 말투가 조금은 고깝게 들렸는데, 갑자기 그 일이 떠오른 것이다.

그때 나는 그 엽서를 읽으면서 수신인이 누군지는 모르지만, 상대방은 그 엽서를 보면서 국회의원이 외국에 나가서까지 자기를 잊지 않고 생각해준 고마움에 흠뻑 빠져, 감복感服해 있을 것이 아닌가 생각해본 일이 있는데, 오늘 이 난화분이 그때 그 일을 한 번 더 돌아보게 만들었다.

이른바 5, 6공 시절, 어느 지방 할 것 없이 그 지방의 유지들이라면 당시 대통령과 악수하는 기념사진 한 장쯤 자기네 응접실이나 사무실에 다 걸어놓고 지냈다. 지금까지 그대로 붙어있는 집도 더러 있을 것이다. "내가 이런 사람이다"란 자기 홍보 사진이다.

기념사진은 그 안에 든 사람들한테 다 기억에 남아있어야 그 사진이 기념으로 가치와 의미를 갖는다. 두 사람이 찍은 사진을 나는 모르는데 너만 알고 있다면 그건 보도용이거나 세칭 '몰카'일뿐 기념사진은 이미 아닌 것이다.

그런데 많은 사람들이 그 '몰카'를 걸어놓고 으스대고 있는 것이다. 그런 사진은 대개 혼자만 알고 걸어놓았다가 그 시대가 지나면 슬그머니 내려놓는 게 특징이다. 일테면 부끄럽기 때문이다. 한 사람은 같이 찍었다는데 다른 한 사람은 나는 모르는 사람이라며 고개를 흔든다면 세상에 그런 볼썽사나운 일도 잘 없다.

언젠가 한 종편방송에서 탈북자 한 사람이 나와 이런 얘기를 하는 걸 들었다. 부정한 일로 수사선상에 오른 사람일지라도, 그 집에 지도자동지와 나란히 찍은 사진이 걸려있으면, 그것을 본 그 순간부터 상황이 급반전되는 경우를 여러 번 보았다는 이야기다. 그러면서 그는 그런 사실을 후진국 현상으로 설명했는데, 어쨌거나 한 장의 사진한테는 그런 불가사의한 힘도 있는 것이다.

옆자리 환자의 난화분에 대한 지극정성은 보면 볼수록 신기하고, 미묘하고, 대단했다. 주변 관심도가 그렇다는 말이다. 그런데 누구도 난 화분을 보낸 사람과 어떤 관계냐며 묻는 사람은 없었다.

나도 두 달 가까이 그 양반과 같이 지냈지만, 다른 얘기는 다 해도 난 화분에 대한 이야기는 끝내 입에 담지 못했다. 내 나름대로 이런저런, 일테면 그 화분으로 인해 주변 사람들한테는 물론, 의료진들한테도 남다른 대우를 받아내려는, 그런 이점을 노려 거기에다 덩그렇게 올려놓지는 않았을까 하는, 그런 생각만 한두 번 해보았을 뿐이다.

당사자만이 모르는, 아니 알고 있으면서 그것을 즐기는 것인지는 모르지만, 주변사람들이 만들어내는 또 하나의 염화미소拈華微笑는 입원기간동안 나를 심심찮게 만들어 준 셈인데, 그거 하나는 어쨌건 고마웠다.

# 익선관翼蟬冠이라니!

밤이 깊었는데 매미가 운다. 나는 그 소리를 듣는다. 매미울음 때문에 잠이 깼는지, 깨고 나서 들었는지, 그런 거까지는 잘 모르겠다. 어쨌거나 밤중인데 매미가 울고 있었고 나는 그것을 듣고 있었다. 이 시간대에 매미가 울다니, 하도 어처구니가 없어 시계를 보았다. 새벽 2시다. 한밤중이다. 이거야 말로 신이神異한 일이다.

처음에 나는 귀를 의심했다. 퇴행성 질병의 하나인 이명耳鳴 같은 것으로도 잠깐 생각해보았던 것이다. 어느 틈에 나도 그 나이가 되었고, 내가 가진 상식으로는 이해가 안 되었기 때문이다.

기어이 아내한테 물어본다.

"지금 저 소리 매미가 우는 것 맞어?"

"물을 걸 물어야제, 처음 듣수."

매미 울음이 맞다는 것이다. 별 걸 다 묻는다는 투다. 어제 밤에도 울었고, 작년 여름에도 내내 울었는데 그게 뭐가 대단한 일이라고 자는 사람을 깨워 설레발이냐고 지청구다.

어쨌거나 내가 매미울음을 인지한 건 이날 저녁이 처음이다.

"나도 밤중에 매미가 우는 건 여기 와서 처음 들었구만요."

내 이야기가 지나친 호들갑으로 보였던지 아내가 확인해 준다.

내가 사는 아파트 옆으로는 금호강이 흐른다. 강둑으로 왕복 2차선 도로가 나있고, 아파트는 도로 안쪽에 있다. 베란다에서 내다보면 도로와 가로수, 금호강 둔치의 조경으로 심어놓은 나무들과 그 사이로 강물이 보인다. 여건으로 봐서 매미들이 많이 살게 되어 있다.

이쪽으로 이사 온 뒤로는 매년 여름철이면 싫건 좋건 종일 매미소리에 묻혀 산다. 소음騷音으로 볼라치면 그런 소음이 없겠지만, 그러나 자연이 주는 이른바 백색소음이어서 전혀 소음으로 느끼질 못하고 그렇게 살아 왔는데, 그때부터는 시나브로 밤에도 그 소리를 친구해서 살아가고 있다.

새 종류로 밤중에 우는 것은 더러 있다. 두견으로 잘 알려진 소쩍새라든지 부엉이는 곧잘 밤중에 잘 운다. 시골에서 자랐기 때문에 나 같은 사람한테는 친숙한 소리다. 야행성 동물이라 그런 걸로 알고 있다.

나중에 안 일이지만 낮으로만 운다고 생각했던 뻐꾸기도 밤중에 한 번씩 우는 걸 들었다. 이상해서 누구한테 물었더니, 뻐꾸기는 보름을 전후한 달밤에는 곧잘 우는데, 아마 달밤을 낮으로 착각한 건 아닌지 모르겠다는 이야기다.

제 알을 남의 둥지에 낳아 키우는 놈인데, 그런 약아빠진 놈이 설마 달밤과 낮을 구분 못하랴 해서, 그런 이야기가 돌아다니긴 해도 그건 아닐 터인데, 다른 까닭이 있지 않을까, 지금도 그 생각은 크게 변함이 없다.

어쨌거나 그건 그렇고, 매미 울음은 이날 밤 나는 처음 듣게 되었으며, 따라서 굼벵이도 구르는 재주는 있다는 식으로 신통방통하게 생각하고 있는 참이다.


익선관이란 게 있다. 조선시대 임금이 평상시 쓰는 관모를 우리는 그렇게 부른다. 익선翼蟬이란, 단어풀이 그대로 매미 날개를 의미한다. 익선관 양쪽으로 튀어나온 부분이 매미를 뒤집어 놓았을 때 날개 모양과 닮았다고 해서 그렇게 부른다는 것이다.

그런데 여기에서 잠깐 정신줄을 가다듬어 생각을 한번 해보자. 찾아보면 다른 이름도 얼마든지 많을 텐데 왜 하필이면 임금이 쓰는 관모를 매미 날개에다 비유해서 그런 이름을 달았을까. 참으로 괴이한 일이로다.

매미가 어떤 곤충인가. 7, 8년을 거름 같은 오물 속에서 굼벵이로 살다가 대명천지에 나와서는 많이 살아야 일주일을 못 넘기고 생명을 마감하는 족속이다. 한마디로 동물가운데서도 하등동물에 속한다. 우리 인간에게는 있어도 그만 없어도 그만이다.

임금이 어떤 위치에 있는 사람인가. 왕권신수설王權神授說이라 해서, 비록 사람이 만든 자리이긴 하지만 신이 점지한 사람이 곧 임금이다.

그래서 우리는 임금을 용龍에다가 비유한다. 그가 앉는 자리를 용상龍床이라 하고, 그 얼굴을 용안龍顏이라 부르며, 그가 입는 옷을 곤룡포袞龍袍라 부른다.

용이 어떤 동물인가. 땅에는 살지 않는, 세상에는 없는 상상의 동물이다. 그 위용하며, 권위에 걸 맞는 동물을 찾자니 지상에는 마땅한 동물이 없어 그렇게 만든 것이다. 백수의 왕이 호랑이인데, 이 호랑이를 신하들이 요대腰帶에다 그려 붙이고 다니는데 턱이나 있는 이야긴가. 그 이상을 찾다가보니 용 밖에는 해답이 없다.

임금이 심기가 불편해 화를 내는 걸 역린逆鱗이라고 하는데, 용의 아가미 옆 어디에 붙어있다는 비늘을 잘못 건드려, 그게 거꾸로 섰다는 것이다. 경복궁 강녕전康寧殿에는 용마루가 없는 것도 같은 맥락이다. 임금 곧 용인데, 그가 거처하는 곳에 다른 용이 있다는 건 허용할 수 없다는 게 그 까닭이다.

그런데 그런 용의 머리에 매미 날개로 상징되는 익선관이라니, 이거야 말로 김밥 옆구리 터지는 소리가 아니고 무언가 말이다. 여의주如意珠가 무색할 판이다. 고래 등에다가 새우 수염을 박아놓은 꼬락서니다.

더 가관인 것은 익선관의 해설이다. 옛날 진나라의 육운陸雲이라는 사람이 그렇게 갖다 부쳤다는 것인데 우리도 그걸 받아들였다고 전한다. 임금이 추구하는 덕목이 매미를 닮아야한다는 이론이다.

첫째, 문文에다 비중을 두었다고 하는데, 매미의 주둥이가 선비의 갓끈과 같다고 해서 선비와 문을 같이 엮어 그렇게 갖다 붙였다는 것이다.

둘째는 청青으로, 다른 건 아무 것도 먹지 않고 오직 이슬만 먹고 살아, 누구한테도 피해를 주지 않으니 그것을 청렴으로 본다는 것이다.

셋째로는 염廉으로, 메뚜기 같은 곤충과 달리 농작물을 해치지 않음으로 이를 염치로 평가한다는 논리다.

넷째로는 검儉을 내세웠다. 일생을 제 집 하나 없이 살고 있음으로 그것을 검소하게 본다는 이론이다.

마지막 다섯째로는 흠欽으로 처신을 삼가서 사리를 판단한다는 것이다. 흠은 요堯임금의 덕을 기리는 흠명문사欽明文思에서 따온 말이다.

면면을 돌아보니 참으로 기똥찰 발상들이다. 매미 주둥이를 갓끈에다 비유, 이를 선비에다 끌어 붙여 문을 만들어냈으니 그 머리가 너무 놀랍다. 매미 주둥이에서 갓끈을 찾아냈다는 건, 모르긴 해도 세상에는 그 사람 말고는 없을 것이다.

제집 갖지 않았다고 해서 검소하다니 야생동물 치고 알을 품을 때 둥지를 갖는 새들을 제외하곤 모두가 떠돌이 생활이인데 그들이 모두 검소를 배워 그렇게 살고 있다는 말인가. 내가 볼 땐 다섯 가지 가운데 제대로 비유가 된 건 하나도 없다. 모두 맨손으로 담 뜯는 식 비유다.

매미 주둥이에서 갓끈을 찾을 만큼 탁견卓見을 가진 사람이 번히 보이는 소음이랑 단명短命 같은 건 왜 보지 못했을까. 세상에 제 눈에 안경도 그런 건 없지만 싶다. 차라리 마이산馬耳山처럼 그냥 형용만 받아드린다면 애교로도 봐줄 수 있겠는데 이건 그것도 아니잖은가.

여기에서 놀라 나자빠질 일은 그 사람의 해설을, 무슨 혜안慧眼으로 보고 황송하게 받아들였다는 사실이다. 그것을 예찬한 학자들은 더욱 놀랍고 요상하다.

여기에 비유되는 이야기로 팔덕선八德扇이 있다. 부채를 그렇게도 부르는 모양인데, 거기에는 여덟 개의 덕이 있다는 것이다.

바람을 일으켜 사람을 시원하게 해주고, 파리와 모기를 쫓아주고, 깔개가 없을 때 방석노릇도 하고, 땡볕 아래 햇살도 막아주고, 어른 앞에서 몰래하는 하품도 막아주고, 불 피울 때 풀무역할도 하고, 보기 싫은 사람 가리개도 되고, 마지막으로는 잊어버려도 서운하지 않아 그런 걸 모두 덕으로 보았다는 것이다. 이야기하는 사람에 따라 쓰레받기 대용으로, 뚜껑 없는 함지의 덮개 등으로도 끼워넣는 모양인데, 차라리 그래도 이런 건 그나마 한번 웃기라도 해서 봐줄 수 있지만, 익선관은 그것도 아니다.

오늘날 우리나라 대통령을 상징하는 동물은 봉황이다. 대통령이 머무는 곳에는 봉황이 나붙는다. 그가 타는 자동차, 비행기가 그렇고, 그가 집무하는 책걸상에도 당연히 봉황 문양이 들어가 있다.

봉황이 어떤 동물인가. 용과 같이 상상이 동물이다. 오동나무가 아니면 앉지를 않고, 대나무 꽃이 아니면 먹지를 않는다는 고상한 새다. 대나무는 60년 만에 꽃이 피고 꽃이 피면 죽는다고 한다. 그만큼 봉황은 고결한 품성을 가진 귀한 족속을 의미한다. 하나의 개념이고, 하나의 상징에 지나지 않기는 하지만 그렇더라도 국가의 원수는 이렇게 나가야하는 것이다

이왕 나온 것, 매미 이야기를 좀 더 해보자. 매미는 우화의 주인공으로 곧잘 등장하는 곤충이다. 우화가운데는 이런 게 있다.

"매미는 여름 내내 일은 하지 않고 전망 좋은 나무 우듬지에 붙어 신나게 노래로 한세월을 보내고 개미는 열심히 일을 해서 곳간에 양식을 수북이 쌓아두었다. 그러는 사이 어느 틈에 북풍한설이 몰아치는 겨울이 왔다. 식량이 떨어진 매미는 벌벌 떨며 개미집을 찾아 구걸을 한다. 하지만 개미는 좋은 시절을 허송세월을 했으니 지금부터라도 고생을 좀 하다며 매몰차게 돌려보낸다."

일할 수 있을 때 일을 해서 장래를 준비하라는 경각심을 깨우치는 이야기다. 반대로 생각하면 먹고 놀기만 하다가 세상을 마감하는 야유의 대상이다.

이 우화를 일본에서는 한수 더 떠서 이렇게 연장시켰다는 이야기를 어디에선가 본적이 있다.

식량이 떨어진 매미는 개미를 찾아가 이런 제안을 한다.

"여름 내내 공부해서 완성된 나의 음악에, 그대들이 가진 재물을 투자해서 마이클 잭슨을 능가하는 음반을 만들어보자고, 그러면 크게 돈을 벌수 있을 터인데 어떠냐"고. 개미는 이에 동조한다. 이를

테면 상부상조로 상생의 길을 걷는다.

어차피 우화 아닌가. 차라리 이런 식으로 풀어나간다면 알아듣기나 수월할 터인데, 턱도 없는 말을 끌어다 붙여, 후세 사람들이 골머리만 아프게 했다고 주장한다면, 내 이야기에 어떤 댓글이 붙을지 모르겠다.

이미 다 끝난 일, 이제는 익선관도 유물관에 가야만 만날 수 있고, 그 이야기에 왈가왈부하는 사람도 없다. 그러나 요즘에도 그런 관념에만 빠진 사람들이 더러 있기에, 될 수 있으면 구름 속을 헤매는 그런 이야기는 더 듣지 않았으면 싶어 해보는 말이다.

고수高手의 일갈一喝은 물론 될 수가 없겠지만 그렇다고 하수의 무문농필舞文弄筆만은 분명히 아님을 붙여 본다.

# 세뱃돈,
## 주는 것인가 받는 것인가

요즘 나한테 남아도는 것이라곤 시간뿐이고 해서 이번 설 대목에는 마음먹고 일찌감치 부근 은행을 찾았다. 어차피 손자들한테 세뱃돈은 줘야할 판이라, 이왕 주는 돈 신권으로 준다면 녀석들 기쁨뿐만 아니라 내 기쁨까지 배가 될 것이 아닌가 해서다.

서둘러 간 덕인지는 모르지만 더러 귀할 때도 있었는데 다행히 올해는 신권을 여유 있게 준비할 수가 있었다. 올해는 돈만 교환해주는 게 아니라 몇 장이 필요하냐며 세뱃돈 봉투까지 덤으로 준다. 설빔을 입은 어린이이들이 그려진 귀여운, 알록달록한 봉투다. 은행이 돈 장사를 해도 알뜰하게 한다는 생각이 든다.

이 봉투를 받고 기뻐할 녀석들을 생각해보니 오히려 내가 더 마음이 붕 뜨는 기분이다.

봉투에 돈을 나이에 따라 구분해 넣으면서 가만히 한번 생각해 본다.

도대체 세뱃돈은 언제부터 생겼으며 왜 생겨난 것일까. 사실 나는 이 문제를 작년에도, 그 전해에도 생각해 보았으며 내 나름대로는 여기저기 알아보기도 했던 것이다. 왜냐면 나는 아이들한테 주기만 했었지 한 번이라도 받아본 일은 없기 때문이다. 아니 받아본 일은 고사하고 내가 어렸을 때는 그런 말을 들어본 일도 없었다. 그래서 최소한 세뱃돈이 태어난 배경 같은 것이라도 한번 알아보고 싶었던 것이다.

일테면 세뱃돈은 내가 볼 땐 내 대代에 와서 뚱딴지로 끼어든 사생아인 셈이다. 남들은 어떤지 모르지만 우리 집안 가풍으로 봐서는 분명히 그렇다.

세뱃돈을 나름대로 분석을 해본다. 세뱃돈이 절값이라는 데는 누구도 부인할 수가 없을 것이다. 그렇다면 절을 받고 그 대가를 금전으로 지급한다는 이야기가 되는데, 우리네들 정서에 과연 그것이 타당한 일인가 하는 문제가 가장 먼저 불거진다. 인사에, 도리에 그 대가가 돈으로 환산된다는 건 입에 올리는 것조차 삼가야 할 해괴하고 불경스런 일일 수밖에 없다.

여기저기 알만 한 사람들을 찾아 한번 물어보았다. 해방을 전후해서 태어난 내 친구들은 하나같이 세뱃돈을 받았던 기억이 없다고 했다. 전라도 친구, 충청도 친구, 자칭 문화의 수도라는 안동 하회의 류씨 집안의 선후배들한테도 물어보았지만 그들 역시 당사자들은 받은 일이 없다고 했다. 그 중 한둘이 아리송하다는 사람은 있었다.

내가 자란 우리 마을의 세배 풍토를 한번 돌아본다. 새해가 되면 한동네 사람이라면 친인척은 말할 것도 없고 잘 모르는 사람이라도 찾아다니며 세배를 했다. 설날 하루만으로는 다 할 수가 없어 다음 날도, 또 그 다음날도 찾아갔다. 한번 찾아가 못 만나면 만날 때까지 두 번 세 번 찾기도 했다.

그리고 세배를 받는 사람들도 그런 걸 당연시 했다. 어쩌다가 빼먹기라도 하면, "너 이놈 올 설엔 나한테 세배 안 왔지"하고 야단을 치기에, 그게 두려워 두 번, 세 번 들린 일도 허다했다.

그렇게 찾아간 세배의 답례, 이런 표현이 어울릴지 어떤지는 모르겠다만 그 반대급부로 돌아오는 건 "부모님 말씀 잘 듣고 공부 잘해라"는 덕담과 강정이나 떡국 따위의 설음식을 내놓았던 것이다. 개구쟁이 여담을 더 보탠다면 맛있는 음식이 나오는 집은 두 번 세 번 들린 일도 있었다.

나이가 든 사람들한테는 술도 한잔씩 권하며, "한 살 더 먹었으니 이젠 몇 살이고, 올해는 장가를 가야겠구나"하며 추임새도 붙였는데, 이런 게 내가 지란 곳의 세배 문화였고 풍속도였다.

이런 이야기를 들은 친구들은 저마다 자기네들과 대동소이하다고 했다. 다시 말하면 그것뿐 누구도 '우리는 절값을 돈으로 받았다'는 이야기는 없었다. 내가 앞에서 세뱃돈을 사생아 운운 하는 것도 까닭은 여기에 있다.

그래서 나는 나름대로 이렇게도 한번 생각해보았다. 답례 음식이 모자라기에 잔돈을 한 입씩 주어 땜질하는 것쯤으로 보아왔던 것이다. 그러나 그것도 지난날 보릿고개 타령을 하며 어렵게 살아온 우리네들한테는 허용될 문화는 아닌 것이다.

절값을 감히 돈으로 환산한다는 건 엄두도 못 낼 일이다. 하긴 콩나물시루 속에서도 누워 크는 놈이 있다고, 부잣집 풍토는 우리가 잘 모르니까, 그런 것까지는 알 수가 없지만.

어쨌거나 이젠 세배의 대가는 돈으로 완전히 굳어버렸다. 세뱃돈을 제대로 안 챙겨둔다면 어른 대접을 못 받는다. 안 할 말로 그것만은 달라 빚을 내더라도 준비해두어야 부모 노릇을 할 판이다.

그런데 작금에 와선 새로 생겨난 게 또 하나있다. 벌써 여러 해째 며느리가 세배를 하더니만 봉투 하나를 꺼내놓고는 이런 말을 건넨다.

"아버님, 적어서 죄송합니다만 저희들 세뱃돈입니다."

명절을 맞아 자식들이 용돈에 보태 쓰라면서 내놓는 돈이다.

세뱃돈은 분명히 '세배하러 온 아이들에게 주는 절값 형식의 돈'이다. 그런데 이게 왜 세뱃돈으로 통하는지 알 수가 없다. 아마 적당히 붙일 말이 없어 그렇게 부르는 것 같은데, 이젠 그것도 그냥저냥 굳어 버린 상태로 모양을 잡는다. 누구하나 고쳐주는 사람이 없으니 그렇게 돌아가는 건 아닌지 모르겠다.

말이 되는 지 안 되는지 모르지만, 어느 틈에 우리도 그것을 수용하기에까지 이른 것이다.

"자네는 자식들이 많아 좋겠다. 세뱃돈이 두둑하겠는데."

"플러스, 마이너스해서 올 세뱃돈은 본전치기야. 손자들이 좀 많아야지."

우리들끼리 나누는 이야기들이다.

세배를 받고 주는 돈도 세뱃돈, 세배를 하고 주는 돈도 세뱃돈, 하긴 세배 끝에 세배가 원인행위가 돼 거래되는 금전이라 어떻게 불러도 틀린 말은 아니다. 신하는 꾸중을 들어도 "망극하옵니다"요, 칭찬을 들어도 "망극하옵니다"가 아니던가.

언어도 문화의 산물이다. 쓰지 않아 사라지는 말이 있는가 하면 편리에 따라 새로 태어나는 말도 자꾸 생긴다. 어떤 사람은 정치를 생물이라고 하지만 문화야 말로 누구도 부인 못할 생물이다. 문화는 어떤 것이든 생노병사를 거치게 돼 있다.

세뱃돈이 태어난 것도, 일방통행이던 세뱃돈이 쌍방향으로 발전한 것도, 그리고 언젠가는 사멸해서 박물관으로 가겠지만, 이 모든 게 하나의 문화가 가는 길을 따르고 있음이다. 부여시대의 제천행사인 영고迎鼓나 신라시대의 길쌈놀이처럼.

세상은 그렇게 자꾸만 얼기설기, 뒤죽박죽, 엄벙덤벙, 둥글둥글 굴러가는 것이 아닐까 생각해본다.

# 어째 이런 일이

고향인 시골(성주군 초전면)에서 여름밤을 며칠 보내게 된 일이 있다. 오든 날이 장날이라고 그 무렵, 코미디언 뽀식이 이용식이 이끄는 예술단이 그곳에 들러 면민 위안공연을 한다고, 전날부터 면사무소 옥상에 달린 스피크가 나팔을 불었다. 모처럼 기회인지라 한번 안 들여다 볼 수가 없다. 장소는 면사무소 앞마당으로, 일테면 가설극장인 셈이다.

저녁 여덟 시부터 한다는데 일곱 시가 조금 넘자 만들어놓은 좌석은 이미 만원이었다. 나는 야트막하게 담장으로 만들어 놓은 시멘트 구조물 위에 올라 구경을 한다.

예술단의 자초지종은 알고 보니 이러했다. 성주는 참외로 이름난 곳(들은 바에 따르면 전국 유통물량의 60%가 이곳 생산이란다.)이라, 해마다 이맘때쯤엔 군청에서 군민들을 위로하기 위해 마련된

연례행사로 각 면으로 돌아가면서 공연을 갖는다고 했다.

사회자만 이용식이 맡았지, 출연진들은 대부분 군軍에서 악기를 좀 만지거나 지방 출신의 출향 예능인들로 구성된 사람들이었다. 그렇다보니 사회자 한 사람의 재능에 많이 의존하는 행사가 된, 그런 될 수밖에 없고, 그러나 세련되지는 않았으나 그런대로 볼만은 했다.

노래 부르는 사람, 창하는 사람, 하모니카 부는 사람, 색소폰 부는 사람 등등, 수준이 조금 미달돼 그렇지 그만하면 구색은 다 갖춘 셈 이다.

그런데 여기에서 나는 재미있는 현상을 하나 목격하게 되었다. 바로 내 앞에서 동료인 듯한 중년 두 사람이 티격태격 다투고 있는 내용이 무대를 보는 것 보다 더 재미있었다.

"야, 이 사람아. 내말을 믿어라. 쟈는 이용식이가 아이다."

"웃기고 앉았네. 그럼 가짜란 말이가."

"그래 가짜라카이."

"그라믄 군수가 우리를 속이는 거 밖에 더 대나. 현수막 저거는 거짓말이겠네."

"촌놈들이 머 아나. 기냥 넘어가 주는 기지. 그거 따질 놈이 어디 있는데. 동명이인일 수도 얼매든지 일이고."

"아이다 이 친구야. 시상이 어떤 시상인데 이런 걸 거짓뿌렁이로 넘긴단 말이고."

"이 사람이 순진하긴. 나운하, 너훈아 해가지고, 나훈아도 천지비

까리 아이더나. 저기 이용식이도 그런 기라 말이다. 자넨 몰라 그렇지 그 사람들이 얼마나 바뿐 사람들인지 아나. 여기올 틈이 어데 있다고. 또 여게서는 그런 사람을 불러들일만한 돈도 읍다 아이라."

"· · · ·"

두 사람 이야기를 듣자니 무대 구경보다 더 재미가 쏠쏠하다. 지금 사회자로 나와 진행하고 있는 사람이 진짜 이용식이냐, 아니냐, 로 논란이다. 이야기 돌아가는 것 보니 부정하는 쪽은 이미 이용식이 아니라는 걸 전제로 하고 보는 듯 했고, 긍정하는 쪽은 인정은 하되 아직은 확신은 아닌, 긴가민가 한 말투다.

"이름깨나 있는 사람들 여게 와서 하룻저녁 일하는데 얼마나 줘야하는지 아나. 천만 원도 더 줘야 온다 말이다. 그거 하나만으로도 답은 나온 거 아이가."

"지랄한다. 돈이 무슨 흙이라카더나."

"그러이까 말이다. 내 말을 믿어라카이."

"그래도 자네는 멀 잘 몬 알고 있다."

"할망구 무르팍 시우듯이 우기긴. 그럼 우리 내기 할래?'

"내기?"

"그래. 지는 사람이 내일 술 사기로."

"· · · ·"

긍정 쪽이 도리어 시무룩했다.

옆에서 이야기를 듣자니 듣는 나도 답답했다. 마음 같아서는 뭐라고 한 마디 끼어들고 싶었으나 그네들 이야기가 너무 진지해서 그럴 입장도 못 되었다.

"아이다. 용식이가 맞다. 사람도 비슷한 거 말이지, 허풍 떠는 거하고, 배 나온 거 하고 모두 똑 같잖아. 그런데····."

"요즘 돈만 댄다고 그래바라, 무슨 짓인들 다 하는 시상 아이가. 성형수술하믄 거의 비슷하다카이. 이미테이션 가수라 그래가지고 조용필, 이미자, 주현미, 짝퉁으로 이런 사람들 행시를 하문서 묵고 사는 사람들이 얼매나 많은데. 저기 이용식이도 그런 사람들이라카이."

이야기는 한 치의 양보도 없이 점입가경으로 치닫는다.

그들의 이야기는 쉽게 결말이 나지 않을 것 같았다. 들어보니 날수가 없는 상황이다. 나중에 어떤 결론과 만났는지 그런 것 까지는 알 수가 없지만 내가 지켰던 그 순간까지는 스로가 막상막하의 논쟁으로 이어나갔다.

기시감旣視感이라는 단어가 있다. 한 번도 경험한 일이 없는 상황이나 장면이 이미 겪었거나 본 것처럼 친숙하게 느껴지는 심리적 현상을 이르는 말이다.

바로 이념이라는 것은 그 기시감이 밑바닥에 잠식하고 있다. 보통 우리는 그동안의 경험과 배운 것으로 사리를 분별하고 판단한다. 흰 콩을 콩으로만 본 사람한테는 검은 콩은 좀처럼 콩으로 받아들이기가 어렵다는 말이다. 누가 어떤 말로 희유를 하더라도 꿈쩍도 않게 돼 있다. 이미 그의 머릿속에는 기시감이 부동으로 지배하고 있는 것이다.

김현희는 북의 지령으로 우리나라 KAL여객기를 폭파시킨 장본인이다. 수사결과도 그렇게 나왔고 본인도 자기가 그렇다고 피해자들에겐 속죄를 하며 살아간다는 이야기를 수차에 걸쳐 밝혀 세상 사람들이 모두 그렇게 알고 있다.

그러나 지금도 그 사실을 믿지 않는 사람이 있다. 말하자면 조작이라는 것이다. 그런 사람들 머릿속에는 남쪽 사람들 가운데서 누군가가 그런 일을 꾸며 저질렀다고 믿고 있는 것이다. 그런 시대를 살았던 그 여파가 그를 지배하고 있고, 거기에서 못 헤어나고 있는 것이다.

한국전쟁이 북침이냐, 남침이냐도 마찬가지다. 그런 사람들한테는 아무리 설명을 해도 그 사실을 믿지 않게 돼 있다. 일종의 이데올로기로 굳어버린 것이다.

아마 그 사람은 이용식이가 직접 나타나 자기 얼굴이 붙은 신분증을 내놓으며 내가 그날 거기에 갔었다고 하더라도, 거짓말을 한다고는 믿지 않게 돼 있다. '콩으로 메주를 쑨다 해도 곧이듣지 않는다'는 속담이 잘 설명해주고 있다.

나는 그날, 가설극장 모퉁이에서 뽀식이 이용식이가 아니라는, 하마터면 내가 참견할 뻔 했던, 그 사람과 나를 한번 알뜰히 비교해본다. 그 사람과 나랑 어떤 차이가 있을까.

# 한번만 더 생각해 보았으면

"유식이 그 친구 입원했다며, 왜 입원했는공?"

"뇌졸증이라 그러지 아마."

"뇌졸증이면 풍 아냐?"

"그런갑더라."

"풍 맞을 체질은 아닌데····."

"이제 나이가 있는데 체질 가지고 이러쿵저러쿵 하긴 좀, 그렇고. 익은 감도 떨어지고 생감도 떨어지고 뭐 그런 거 아니겠어."

요즘 동우회에 나오면 심심찮게 듣고, 꺼내는 이야기들 가운데 하나다. 일흔 해를 살았으니까 주로 그런 이야기들이 정보, 또는 근황이란 이름으로 주종을 이룬다. 얼마 전까지만 해도 그런 이야기를 들으면 한 번씩 놀란 척은 했는데, 이젠 그런 것도 없다. 염라대왕의 손짓이 보이면 언제든지 일어설 준비가 됐다는 자세는 아닌지 모르겠다.

그때 한 친구가 옆에서 바둑을 두고 있는 길수를 향해 묻는다.

"참 자네는 유식이하고 화해는 했나 어쨌노?"

"바둑 두는 데 신경 건드리지 마라."

"아직 안 했는 갑구나."

"시끄럽다, 이 친구야. 유식이 얘긴 꺼내지도 마라, 목구멍에 신물 오른다."

길수의 이야기가 무겁고 탁했다.

"됐다. 우리 그 얘기는 그만하고 오늘 누가 휴대폰 사용법 가르쳐 주러 온다더니만 몇 시 에 오는공."

내가 얼른 화제를 바꿔 말길을 돌린다.

유식과 길수의 화해 얘기는 어쩌면 또 다른 불똥으로 튈지 모르기 때문에 일찌감치 수습을 한 것이다. 모두 그 눈치는 있는 사람들이어서 이야기는 더 진전이 없었다. 두 사람 사이에 불화는 우리 동우회에서 모르는 사람이 없을 만큼 유명했고, 또한 그런 어처구니없는 일도 없다.


그럭저럭 5, 6년이 다 돼 가지 싶다. 고스톱 판에서 벌어진 일이다. 그 자리에는 나도 있었기 때문에, 그날 일은 지금도 생생하게 기억하고 있다.

유식과 길수, 다른 한 사람은 김 모인데 셋이 치는 판이다. 6명이 구성원으로 둘러앉았는데 나를 포함한 다른 세 사람은 광을 팔거나 패가 시원찮아 들어간 것이다.

그날따라 김 모의 패가 잘 풀렸다. 네 번째 돌아갈 때 원 고(one go)가 나왔다. 그때까지 다른 사람은 죽을 맛으로 몰렸다. 쓰리 고에 들어가더라도 피박을 못 면할 판이다. 이윽고 쓰리 고에 들어 갔다.

"어지간하면 스톱 하지. 홍단을 두 장이나 갖다났는데··· 잘못하다간 고우 박 쓴다."

길수가 김 모한테 회유하는 척하면서 은근히 유식한테 매조(나머지 홍단 한 장) 내주기를 공개적으로 제안했던 것이다.

"하이 리스크, 하이 리턴 몰라. 남는 장사는 원래 위험이 따르는 거다. 좋도록 하라구."

김 모의 강단은 알아줘야 했다.

그때 그만 유식이 가지고 있던 매조를 던졌으면 일은 간단했다. 그런데 유식은 매조를 내놓지 않고 오동 쌍피를 먹어버렸는데, 그게 그만 꿈에도 생각 못 한 30년 우정에 파탄을 던져놓은 것이다.

결과는 폭탄에다 스리고로 15점이 나왔다. 유식은 간신히 피박을 면해, 곱하기 4로 6천원(점당 백원이다.)이지만, 길수는 거기에다가 피박까지 덮어 써 곱하기 8로, 한도 금액인 만원이 나가버렸다.

불쾌한 얼굴로 길수는 유식의 나머지 패를 확인했는데 거기엔 매조 쭉정이 들어있었다.

"야, 너 매조 들고 있으면서 왜 안냈어."

적든 많든 제 주머니 돈이 나가 기분 좋은 사람은 없다. 얼마든지 피할 수 있는 일이기에 더 기분이 상했던 것.

"난 가지고 있다지만 네가 받는다는 보장이 없잖어."

유식의 이유 있는 반론이다.

"야, 이 친구야. 고스톱 첨 치냐. 먹든 못 먹든 매조를 던져야지."

"내가 피박 쓰면 그건 누가 보상해줄 건데. 나한텐 발등 불이 더 겁하다구."

"그래도 그래 치는 건 아냐, 이 사람아. 얼마든지 벗어날 수 있는 걸 당했잖아."

"· · · · ·."

이때까지만 해도 그럴 수도 있고, 이럴 수도 있느니 해서 다소 심기가 불편하긴 했으나 그냥저냥 어물쩍 넘어갔다.

그런데 2, 30분 뒤 다시 불이 붙었다. 비슷한 상황이 다른 사람들 한테서 일어났는데 그들은 그것을 요령껏 넘겨 고를 부른 사람이 도리어 박을 덮어쓰게 됐다. 이를 본 길수가 한 마디 중얼거린 게 화근이 된 것이다.

"참 닭대가리라더니만 어쩌 그러큼 머리가 안돌아 가냐."

좀 전 일이 생각할수록 짠했던 모양이다. 안 잃을 돈을 날렸으니, 그것도 곱하기 8배로 덮어썼으니 당사자로선 얼마든지 그런 생각도 할 수 있었겠지.

"자네 방금 뭐랬냐?"

성격상 그냥 넘어갈 유식이 아니다.

"닭대가리라고 했다."

"뭐 이런 자식이 다 있어. 아가리만 벌리면 다 말인 줄 알고."

유식이 발끈하며 자리에서 일어났다.

"인마, 길을 막고 물어봐라. 늬가 잘했능강, 내 말이 틀렸능강. 발딱 일어나면 늬가 어쩔 건데. 사람이 잘못 했으면 제 잘못을 알아야제."

"뭐 이런 인간이 다 있어."

"뭐! 인간····."

길수도 이윽고 일어났다.

"그래 인마."

순식간에 고스톱 판이 일촉즉발의 전쟁터로 변해버렸다.

"이 자식 이거 정말 상종 못할 놈이네."

"고만 저노무 아가리를····."

여차하면 주먹이 날아 갈 판이다. 더 두었다간 안 될 것 같아 모두 일어나서 뜯어 말렸다.

"야. 이 사람들아. 한두 살 먹은 어린애도 아니고, 고스톱 치다가 이게 뭐여."

주먹은 오가지 않았지만 그 뒤로도 주먹이 오간 것 이상으로 원색 감정이 담긴 욕설이 넘나들었다.

그날 이후로 이들 두 사람은 완전히 견원지간의 앙숙이 돼 버린 것이다. 서로 인사는 고사하고 부딪치는 일 자체를 일체 피했다.

두 사람 사이를 누구보다 내가 잘 안다. 관포지교管鮑之交나 지음知音까지는 모르겠으나 직장 생활을 할 때는 물론, 그 뒤로도 가끔 점심도 나누는 가까운 사이다. 원래 고스톱이라는 놀이가 친교 없이는 자리를 같이 하지 않는 게 상식 아닌가.

일종의 여가선용으로 시간보내기 삼아 하는 놀이라고는 하지만 돈이 오가는 자리라, 말썽이 전혀 없지는 않았다. 그러나 대개는 그 자리에서 결자해지로 끝났던 게 지금까지 관례다. 그런데 이들의 불통은 상식을 깔아뭉갰다.

한 달 이상을 그렇게 지내는 걸 보고 친구들이 화해를 종용해봤다. 그런데 양쪽 다 손톱도 들어가지 않았다. 누가 보더라도 고스톱이 만든 일로는 너무 골이 깊었다. 아무리 생각해도 '알다가도 모를 일'로 밖에 다른 관전법이 안 나온다.

그러구러 어느 틈에 5, 6년 세월이 흘러버려 이제 그들의 이야기는 우리 동우회에서 아리송한 하나의 전설을 만들어놓은 셈이다. 고스톱 자리에서 심심찮게 오가는 '너도 홍단 내놓지 마라'가 그것이다.

언젠가 길수가 나한테 이런 말을 한 일이 있다. 물론 유식과의 관계를 잘 안다는 사실을 전제로 한 이야기다.

"우리 왜 동화책에서 읽었잖아. 친구 두 사람이 길을 가는데 곰이 나타나자 날쌘 한 사람은 얼른 나무위로 올라갔고, 한 사람은 그 자리에서 죽은 척 널브러져 있었다는 얘기 말야. 그 친구 왈, 위험한 처지에서 지 혼자만 살겠다고 달아나는 친구랑은 상종을 하지말라는 거 아이겠어. 문득 그 생각이 나더라니까. ···그때 매조만 던졌으면 만사형통 아냐."

자기가 화해를 선뜻 못한 데에는 그만한 이유가 있다는 것이다. 일테면 단순한 아집이나 성깔 때문에 그런 건 천만에 아니란다. 자기한테 득이 되는 것 앞에서는 무엇이든, 일테면 30년 우정 아니라 핏줄까지도 팽개칠 수 있다는 논리로밖에 다른 해법이 안 나온다.

나이 때문일까, 상황 때문일까, 아니면 전생에 숙원宿怨 같은 것이라도 맺혀있는 것일까. 지금 유식이 입원해있다고 그러는데 저러다가 한 사람이 세상을 떠나더라도 후회 같은 건 없을까. 아무리 생각해봐도 고스톱으로 빚어진 불화로는, 구체적으로 말해 일금 만원이 빚은 금전적 손익으로 말미암아 치른 대가로는 너무 크다는 못 버리게 한다.

내가 그들 두 사람 가운데 한 사람이라면 나는 어떻게 처신할 것인가 한번 생각해본다. 제 3자로서 입장과 집적 당하는 사람 입장이 어떻게 다를까 해서다. 쉽게 답이 안 나온다.

나이 듦이 꼭 완성으로 치닫는 게 아니라는, 이를테면 아무리 우정이 남다르다 하더라도 눈 앞 이득 앞에서는 논리와 해법이 별 의미가 없다는 것인지, 아니면 지난날 붕우유신朋友有信도 경제가 이끄는 산업사회에 와서는 그 맥을 다르다는 걸 말하는 건지, 도무지 가리사니가 잡히질 않는다.

30년 넘는 우정이 이대로, 이런 식으로 종말을 본다면야 이건 누가 보더라도 허망도 허망이지만, 말이 안 되는데····.

# 망초 이야기

"망초라 그럽디다."

올여름 모처럼 큰집 재실에 들렀더니, 마당 가득히 전에 못 보던 풀들이 쑥대밭을 만들어놓고 있어, 마을 일보는 족질族姪에게 물었더니 꺼내놓는 대답이다. 와이셔츠 단추 같은 하얀 꽃들이 올망졸망 달려있고, 키가 큰 놈은 우리 허리에 찼다.

"망초?"

어감이 이상했다.

"예. 망할 망ᆞ자, 풀 초艸자, 그래 쓰는가 봐요."

"듣기가 안 좋다. 그전에도 망초라는 게 있었던강? 난 첨 듣는데."

항상 바쁘다는 핑계를 내세워 당일치기로 선산만 잠깐 들렀다가 나오던 고향을, 모처럼 짬이 나서 재실을 들렀더니 그런 몰골이 돼 있었다. 거기에다가 망할 망자, 풀 초자라니 정신이 번쩍 든 것이다.

재실을 빈집으로 비워놓은 지가 30년이 넘는다. 장손인 큰집 형님이 직장 따라 다니다가, 정년 마치고 다시 들어간다는 계획은 있었지만, 정년도 못 채우고 세상을 떠나 그 모양이 된 것이다. 그 뒤로 조카들이 나들었으나 저마다의 숨 찬 생활이 그것마자 허용하지 않아 마음 뿐, 좋게 말해 비워 둔 집이지, 폐가 모습을 하고 있다. 우리 일가만 그런 게 아니라 동네 전체가 그 모양이니 염량세태炎凉世態에다 덤터기를 하는 수밖에 다른 방도가 없다.

"그전에도 있기야 있었지요. 망태풀이라고 불렀지 싶은데····. 그러나 누가 저래 크도록 됐습니까."

하긴 나도 한 통속인데 무관심이 무슨 자랑인양 몸에 붙어 그렇지, 묻는 것 자체가 괜한 짓 아닌가.

"····."

이것 역시 무관심에서 온 거지만 망태풀도 낯설다.

"요즘은 논이고 밭이고 전부 망초 세상입니다."

"그거, 어감이 안 좋구만."

"요새 와서 모두 그래 부르대요, 망초라고. 이름이 그래 그런지 묵혀놓은 논다랑이는 온통 망초 세상이라니까요. 번식력도 어찌나 강하든지, 한번 우거지면 손도 몬 대겠더라니까요."

"····."

할 말도 없다. 방관자로서, 아니 방조자로서 무슨 할 말이 있겠는가. 망초라니, 씹을수록 익모초 맛이다.

한때는 그래도 이곳 홈실檜谷은 벽진碧珍 이 씨 집성촌으로, 자화자찬 같지만 반가班家의 후손임을 긍지로 지녔던 시절이 있었는데, 이제 다 끝난 일이 된 것 같아 너무 마음이 무겁고 서글프다.

고성낙일孤城落日을 지켜보듯 넋을 놓고 마당 가운데서 서성이고 있는데, 언제부터 지켜보고 있었던지, 돌담위에서 야생고양이 한 마리가 우리를 지키고 있다. 저 친구들은 누군데 허락도 없이 남의 아지트에 들어왔지, 혹 그런 생각을 품고 있는 건 아닌지 모르겠다.

여름 야생초에 '며느리밥풀'이라는 꽃이 있다. 책을 읽다가 우연히 발견한 이름이다. 이름이 하도 고약스러워 책 김태정의 〈우리 꽃 백 가지〉를 한번 들춰 보았다. 처음 보는 꽃이고 이름 또한 초면이라 궁금했던 것이다. 스토리가 그럴싸했다.

옛날 어느 산골마을에 모자가 살고 있었다. 어머니는 아들을 극진히 사랑했고, 아들도 효성이 지극해서 남의 부러움을 받아가며 지냈다. 어느 틈에 아들이 장성해서 며느리를 맞아들였는데 그 며느리 또한 그 아들에 그 며느리로 극진한 효도로 어머니를 봉양했다.

그해에 흉년이 들어 아들 내외가 신방을 꾸민지 얼마 되지 않아 남의 집 머슴살이로 들어가 멀리 떠나버려, 집에는 고부만이 남게 되었다. 아들이 집을 비우자 그만 그날부터 어머니는 며느리를 학대하기 시작했다.

며느리의 일거수일투족을 사사건건 흠을 잡고 물고 늘어졌다. 개울에 나가 빨래를 해오면 너무 늦게 들어온다고는, 그 사이 누구랑 무슨 짓거리를 하다가 왔느냐고 다그치며, 빨래를 마구 짓밟아 내동댕이치는 일도 허다했다.

그러나 며느리는 그때마다 무조건 잘못했다고 용서를 빌었고, 곧 괜찮겠지, 아들이 돌아올 날만 기다리며, 더 극진히 정성을 쏟았다.

이런 일을 알 리가 없는 아들은 아내 곁으로 돌아갈 날만 일구월심 기다리며 돈을 모았다.

시어머니는 구박은 날이 갈수록 심했다. 마침내 시어머니는 어떻게 하면 며느리를 쫓아낼 수 있을까, 꼬투리를 찾아 이 궁리 저 궁리로 며느리의 일거일동을 감시하기까지에 이른다.

그러던 어느 날이다. 며느리는 평소 하던 대로 저녁밥을 짓기 위해 솥에 쌀을 안치고 아궁이에 불을 지폈다. 안친 밥이 제대로 뜸이 들었나 해서 솥뚜껑을 열고 밥알을 씹어보았다. 부엌일에는 일쑤 있는 일들이다.

솥뚜껑 소리를 들은 어머니는 이때다, 하고 부엌문을 열어붙였다.

"아무리 배가 고프기로서니 아직 시어미도 들지 않은 밥에다 먼저 손을 대다니. 이런 못된 년을 봤나."

마구 야단을 치며 손찌검을 해댔다.

갑자기 당한 일이라 며느리는 밥알을 얼굴에 묻힌 채 그대로 쓰러져버렸다. 그 끝으로 그만 며느리는 시난고난 하다가 세상을 떠나버렸다.

소식을 들은 아들은 단숨에 돌아왔다. 죽은 며느리를 그대로 업고는 뒷산 양지바른 곳에 고이 묻어주고는 하늘이 무너지도록 울었다.

이듬해 며느리가 묻힌 묘지에서 못 보던 꽃이 옹기종기 피어났다. 그 꽃의 생김새가 마치 사람입술에 묻은 밥풀처럼 딱해보였다. 다음 해에도 그 다음 해에도 며느리가 죽은 음력 6월이 되면 묘지 여기저기서 그런 꽃이 지천으로 피어났다.

며느리의 입술처럼 붉은데다가 볼에 붙은 밥알모양을 하고 있다고 해서 마을 사람들은 그 꽃을 며느리밥풀 꽃이라고 불렀다. 어떤 사람이 만들어 붙였는지 모르지만, 춘향전 아류亞流로 손색이 없는 내용이다.


우리나라 여명기의 토속적 냄새가 물씬 나는, 가족 수난사를 그린 대하소설 박경리의 〈토지〉와 최명희의 〈혼불〉에는 모두 약속이나 한 듯 야생초들이 등장한다.

〈토지〉의 최참판 댁 입구에는 대문간에 이르기까지 양쪽 옆으로는 보랏빛, 흰빛, 그리고 분홍빛 과꽃이 흐드러지게 피어있다. 양현은 이 과꽃으로 꽃다발을 만들어 섬진강을 찾아 물위에 던지며, 강에 빠져죽은 엄마를 추모하며 눈물을 흘린다.

과꽃에는 이런 꽃말이 전한다.

백두산 근처에 추금이라는 과부가 살았는데, 그 집에는 남편이

생전에 정성스레 가꾼 과꽃이 가득했다. 젊은 과부가 혼자 산다는 걸 안 매파가 하루가 멀다고 나들며 재혼을 부추긴다. 열 번 찍어 안 넘어가는 나무가 없다고 이윽고 추금의 마음도 흔들리기 시작한다.

그런 어느 날 죽은 남편이 꿈속에 나타타난다. 그날로 그녀는 마음을 다잡이 재혼을 포기하고 남편이 심어놓은 과꽃을 돌보며 일생을 혼자 살아간다는, 꽃말 치고는 좀 흔한 이야기다.

꽃 이름이 과꽃이란 것도 과부꽃이 그렇게 변해서 부른다는 것. 이 꽃이 과부를 지켜주었다는 전설에서 비롯된 건 아닌지 모르겠다.

과꽃에는 이런 동요가 있다.

올해도 과꽃이 피었습니다.
꽃밭 가득 예쁘게 피었습니다.
누나는 과꽃을 좋아했지요.
꽃이 피면 꽃밭에서 아주 살지요.

과꽃 예쁜 꽃을 들여다보면
꽃 속에 누나 얼굴 떠오릅니다.
시집 간지 온 삼년 소식이 없는
누나가 가을이면 더 생각나요.

과부꽃이 변해서 과꽃이 되었다는 것과, 시집간 누나를 그리워하면서 부르는 동요로서의 과꽃과는 다소 차이가 나지만, 모두가 애틋한 연모戀慕의 상징이라는 점에서는 이해 못할 것도 없다. 화려하지는 않으면서도 곱고, 다소곳한 모습에서 그런 발상이 나온 건 아닌지 생각해 본다

소설 〈혼불〉에서는 여뀌 꽃대 부러지는 소리가 여러 번 등장한다. 어떤 불길한 조짐이 비칠 때 여뀌 꽃대 부러지는 소리가 아득하게 들린다. 왜 그 많은 꽃들 가운데 이름도 꽃말도 낯설고 잘 알려지지 않은 여뀌꽃을 내세웠을까.

나한테는 여뀌보다도 매울대로서 친숙한 풀이다. 개울가에 지천으로 피어난 그 풀을 뜯어, 돌로 찧어 그 풀물로 고기를 잡았던 기억이 아련하다. 거기에서 나오는 진액이 고기를 마취시키기 때문이다. 그 풀이 여뀌라는 건 3, 40년이 흐른 뒤, 책에서 보고 새삼스레 안 것이다. 그러니까, 나한테 여뀌는 흔해빠진 잡초 그 이상도, 이하도 아니다.

〈혼불〉에 여뀌가 등장한 걸 보고 나는 왜 이런 풀이 여기에 등장했을까 적잖은 의문도 가져보았다. 아마 짐작컨대 특정한 지명과 어울리게 하기위해, 아니면 민초들의 애환과 정감에다가 무게를 두느라고 그렇게 만든 건 아닌지 풀어본 일이 있다.

어떤 사람들은 올망졸망 다닥다닥 붙어있는 그 꽃을 귀엽다고도 하는데, 내가 생각하는 꽃들과는 너무 멀리 있어 〈글쎄〉라는 말밖에 안 나온다. 어쨌거나 〈혼불〉의 작가는 그런 하찮은 풀에게까지

혼을 만들어 넣어, 우리 같은 사람들도 한번 씩 돌아보게 했으니 놀랍다.

세상에는 얄궂은, 고약한, 그리고 이상하고 해괴한 이름을 가진 꽃들이 참 많다. 꽃은 아름다운데 이름이 못 미치는 게 있는가 하면, 이름값을 못하는 꽃도 많다. 그 꽃들이 품고 있는 꽃말 또한 예측을 불허 한다.

애기똥풀, 노루오줌, 며느리밑씻개, 딱총나무, 며느리배꼽, 사위질빵, 개불알풀, 중대가리풀, 쇠비름, 괭이밥, 수까치깨 등등····.

이런 많은 꽃들이 저마다 앞에서 말한 며느리밥풀꽃처럼 서럽고, 안타깝고, 애잔한 이야기들을 하나씩 품고 있다. 꽃 이름이 말해주듯 그 사연들 또한 기구하다. 물론 모두가 그 꽃의 형상을 유추해서, 사람들이 덧 씌워 그럴싸하게 엮어 지어낸 이야기들이다. 그리고 우리는, 우리가 만들어 붙인 그 꽃말에 매달려 길흉화복을 생활 속에 붙들어 놓고, 그들과 함께 애증愛憎을 나눈다.

어느 누가 망초란 이름을 붙여 놓았을까. 저놈의 풀이 들어와서 논밭과 집이 집에 망조亡兆가 든다는 건지, 집이 망하니 저게 찾아 든다는 건지, 따지면 차이야 나겠지만 결과를 놓고 보면 그 소리가 그 소리 아닌가.

문득 서리지탄黍離之歎이란 말이 떠오른다. 나라가 망해 그 터에 기장이 무성한 것을 보고 탄식한다는 이야기다.

하도 듣기가 좋지 않아 여기저기 뒤져보았더니 어느 책에서는 망할 망亡자가 아닌 그물 망網자를 써서 망초라고 해놓았다. 무성하게 얽혀진 걸, 그물로 본 것 같다. 그렇다면 아무것도 아닌 것은 나는 괜히 불길한 조짐으로 과잉반응을 보인 셈이다.

하긴 세상의 모든 산야초목의 이름이 모두가 사람이 지어 붙인 이름이다. 지방에 따라 다르고, 보는 사람에 따라 다른 이름으로 통용될 수밖에 없는 것이 그들의 운명이다.

같은 열매가 회수淮水 남쪽에서는 귤이었지만 강을 건너면 탱자가 된다는 귤화위지橘化爲枳가 잘 설명해주고 있다. 앞으로 나는 바랄 망望자를 써서 망초라 불러야겠다.

# 안타까운 진실
............................

시내에 나가자면 나는 주로 939번 시내버스를 이용하는데, 그날 버스 안에서 일어난 일이다.

신천교 정유소에서 버스가 멎자 대여섯 명의 승객들이 줄지어 오른다. 내리는 승객보다 타는 승객이 많다. 넥타이도 있고, 아주머니도 있다. 카드로 요금을 결재하는 사람, 토큰을 구입해서 요금함에 넣는 사람, 현찰을 넣고 거스름돈을 받는 사람 등등, 형편대로 내고 거슬러 받는다.

그때까지도 버스는 다른 여느 정유소를 거치는 것과 하나 다를 데가 없다. 버스가 네거리 신호등에 걸려 멎었다. 그때 색안경을 단단히 쓴 기사가 백미러 속으로 한 승객을 찍으며 말을 건넨다.

"왼쪽 네 번째 잠바 입은 아주머니 요금 덜 내셨습니다."

스피커를 통해 나오는 말이 우렁우렁 버스 속을 흔든다. 승객들의 시선이 두리번거리며 한 사람을 몰아본다.

"나 말인가요?"

시선의 중심에 든 아주머니가 엉거주춤 일어나 자신을 가리키며 되묻는다. 부근 시장통에서 행상을 하는듯한 차림새다.

"예 맞습니다."

"왜 내가 요금을 덜 내요? 난 다 냈는데."

"덜 내셨으니까 마자 내라고 하는 거 아입니까?"

"아이, 이 양반이. 현금으로 내믄 천이백 원 아잉기요?"

카드나 토큰을 이용하면 1,100원이지만 그냥 승차할 때는 부가금이 100원 더 붙너 1,200원을 내는 체계다.

"네 맞습니다."

"또 희안한 일도 다 있네. 난 분명히 1,200원을 다 넣었단 말임다. 그런데····."

"덜 넣었습니다. 1,100원밖에 안 넣었습니다."

"얄궂어라, 살다가 또 빌노무 꼬라지를 다 보겠네.

아주머니가 정색을 한다.

"아입니다. 아주머니가 맨 나중에 타셨지요. 여기 그대로 있으니까 한번 확인해 보세요. 100원이 빕니다."

요금함 상단부는 투명한 플라스틱으로 덮여있어 속이 환히 보인다. 요금함 구조상 운전수가 확인해서 하단부로 내려 보내지 않는 이상 그대로 있게 돼있다.

"나는 다 넣었구마. 내가 확인해가꼬 넣었는데 와 100원이 모자란다 거라노."

아주머니가 역정을 낸다. 자기는 제대로 다 넣었는데 무슨 망발이냐.

"아주머님이 덜 넣었습니다. 여기 와서 한번 확인해보시라니깐요. 아무도 손댄 사람이 없다 아입니까."

기사는 계속 유들유들한 말투로 조른다. 증거가 여기 확실하게 있는데 거짓말을 하지 말라는 투다.

"그라문 그노무 통이 고장 나서 동전을 하나 잡아먹었구마. 누가 머래도 나는 넣었다카이."

아주머니도 만만찮다. 자기는 분명히 제대로 계산해 넣었는데 무슨 개뼈다귀 같은 수작이냐는 항변이다. 신호등에 걸렸던 버스는 출발한다. 백미러 속으로 까만 색안경이 아주머니를 계속 조른다.

"분명히 안 넣었으니까, 100원을 더 넣으란 말입니다."

"난 몬 넣는구마. 내가 와 차비를 이중으로 낸다 말이고."

서너 마디 더 설왕설래하더니만 갑자기 운전수의 목소리가 높아진다.

"거짓부렁이 하지 말고 좋은 얘기로 할 때 100원 더 넣으란 말예요."

"머라꼬? 이 양반이 사람을 우째 보고."

같은 톤으로 맞선다. 버스 안은 두 사람 실랑이로 묘한 분위기를 만든다.

"사람이 그라믄 못 써요."

"머 이런 사람들이 다 있는지 모르겠네. 난 몬 넣어요. 내가 당신네들 돈 안 떼먹는구마. 택도 읍는 소리. 어따 대고 반말이야."

급기야는 돈 100원이 문제가 아니라, 체면문제로 비화된다. 이제는 누구든 여기서 패하면 많은 승객들 앞에서 수모를 덮어써야할 판이다. 안전운행에 매달려야할 운전수가 승객들과 싸우고 있어 지켜보는 승객들도 난감하다. 그렇다고 끼어들 자리도 아니다.

그때 한 남자가 나선다. 내 나이쯤은 돼 뵈는, 운전석 바로 뒷자리 사람이다. 그는 자기주머니에서 동전 하나를 꺼내더니만 운전수에게 보라고는 요금람 속에 넣는다.

"자, 운전수 양반. 이자 됐지요. 좀 조용히 갑시다. 여기 두 사람만 타고 있는 것도 아이고 이렇게 소란스러워서야 어디 버스 타겠어요."

싸우던 두 사람이 남자를 힐끔 보더니만 민망한 듯 주춤한다.

그러자 요금이 해결되어선지, 많은 사람들 앞에서 별것 아닌 일로 소란을 피워 송구스러움을 느꼈던지, 슬그머니 싸움은 진정을 찾는다. 차안은 어정쩡하나마 정상을 회복한다. 차안 분위기가 갑자기 묘한 정적에 싸인다.

소란을 피운 아주머니는 중앙통에서 내렸다. 그런데 여기에서 뜻밖 일이 하나 벌어졌다. 한 정거장을 더 간 버스가 반월당 네거리 신호등에 걸렸을 때다. 운전수가 조금 전에 돈 100원을 낸 남자를 이리저리 훑어보더니만 한마디 붙인다.

"아저씨, 아까 아저씨가 한 일, 그거 잘한 일이라고 생각하십니까?"

"뭐라구요?"

미처 예측 못한 일이었던지 남자가 어리둥절한 표정을 짓는다.

"조금 전 아저씨가 한 행동 말입니다."

"이 양반이 지금 머라카노. 그라문 당신네들이 지금 잘했다는 거요?"

"잘했다는 건 아니지만····."

"아저씨, 우리도 돈 100원 때매 그 아줌마를 붙들고 싸운 건 아입니다. 그 돈 100원 내가 가지는 것도 아니고, 내사 받아도 그만 안 받아도 그만예요. 그러나····."

"그럼 내가 잘못했다는 건가요?"

뜻밖 일이라 남자도 갈피가 안 잡히는 모양이다.

"잘못했다는 게 아니라, 문제 해결을 그래 풀어줘서는 안 댄다, 그 말입니다. 우리가 용렬한 사람으로 비칠 수도 있고요."

"····."

"요금을 받다가 보믄 저런 아줌마가 종종 있습니다. 저 아줌마는 일부러 넣지 않은 거예요. 우리는 정확하게 압니다. 어디 내가 운전을 하루 이틀 한 사람도 아이고 12년째 하고 있습니다. 당사자가 읍다고 하는 얘기가 아이라 지금 그 아줌마는 고의적으로 안 넣은 겁니다. 그래서 버릇 고쳐주자고 한 건데····."

"····."

"그런 사람들은 좀 시끄럽더라도 바로 잡아줘야 하거등요."

"······."

남자는 계속 듣고만 있다. 자기는 잘한다고 한 일이 잘못한 일로 변질되어 돌아온데 대한 어처구니없음에 당혹해 하고 있음이 분명했다.

다음 정거장에서 나는 내렸다. 그들의 이야기가 더 어떤 방향으로 펴나갔는지, 혹 그로인해 다른 다툼은 없었는지 그 뒤 일은 알 수가 없지만, 그 일은 나를 흥미 이상의 사념에 빠지게 했다.

언제가, 지금은 옷을 벗었지만 한때 이름을 날렸던 한 판사의 자서전 비슷한 책을 읽은 일이 있다. 그 책속에 이런 일화가 들어있었다. 소액으로 시비가 붙은 고소사건을 담당한 일이 있었는데, 좀처럼 서로가 양보를 거부해 자기가 그 돈을 물어서 매듭을 지은 일이 있다면서, 그 일을 잘한 일인 양 술회해 놓은 일이다. 판사가 하는 일이 원래 피차간 화해를 풀어주면 그 이상 잘한 일은 없다는 말도 들어 있었다.

그런데 오늘 이런 일을 보자 문득 그 판사의 이야기가 생각난다. 버스 운전사의 이야기와 판사의 이야기는 해결 방법에 있어 거리가 너무 멀다.

나름대로 다 명분이 있고 일리도 있는데, 과연 누구의 처신이 올바른 것일까. 답은 분명히 하나일 테고 두 사람 가운데 분명히 있지 싶은데, 도무지 내 머리로는 판단이 안 선다. 상황윤리狀況倫理라 해서 윤리도 상황에 따라 변한다고 하는데, 혹시 또 그런 건 아닌지 모르겠다.

# 나를 구속하는 것들

나한테는 두 개의 만보기萬步器가 있다. 하나는 오래전에 여행길에서 산 것으로 아날로그식이다. 걸을 때마다 딸각딸각 소리가 난다. 그렇다고 옆 사람들을 신경 써야 할 만큼 큰소리는 아니어서 차고 다니더라도 불편한 건 없다.

또 하나는 후배한테 받은 것으로 자기네 직장 홍보물이다. 배터리가 들어가는 디지털로서 시계를 겸하게 돼 있다. 전자보다는 진일보된 물건이다.

두 물건에는 서로 장단점이 있다. 아날로그에는 배터리가 안 들어가기 때문에 운동이 될 만한 다소 충격적인 보폭에만 등산되고, 디지털은 앉았다가 일어서기만 해도 숫자가 올라갈 만큼 민감하다. 만 보라는 목표치 숫자를 채우는 데는 디지털이 낫지만 실질적 운동량을 측정하는 데는 아날로그가 충실한 셈이다.

후배는 그 만보기를 주면서 내게 이런 말도 같이 건넸다.

"요새 이런 말이 있대요. 예순 이상 되는 사람들은 모름지기 이거 하난 꼭 지켜야한답니다. 일십백천만 기법인데, 하루에 하는 일로, 한 가지 선행을 베풀고, 열 번 웃고, 백 자의 글씨를 쓰고, 천 자의 남의 글을 읽고, 만보의 걸음의 걸어야 한답니다. 아마 다른 건 몰라도 이걸 차고 다니면서 그 기법만 부지런히 지킨다면 만수무강 하나는 걱정 안 해도 되지 싶습니다."

요즘 공자 뺨치는 말들이 얼마나 많은가. 듣고 보니 그럴싸하긴 했다.

아날로그를 차고 있다가 귀찮아 버려둔 상태에서 얻은 것이라 그때부터 새로 생긴 것을 차고 다녀보았다.

그전에도 몇 번 느낀 일이지만, 말이 쉬워 하루 만 보를 걷는다는 거지 정작 실행한다는 건 쉬운 게 아니다. 처음 들었을 땐 대수롭잖게, 조금 부지런하게만 움직이면 일상 활동에서 그 정도 양은 나오는 줄 알았다. 그런데 이건 장난이 아니다. 걷는 일을 필요로 하는 생업에 종사한다면 모르지만 안 그러고서는 하루에 만 보는 턱도 없이 모자랐다.

만 보를 채우자면 보당 70센티미터 안팎인 내 보폭으로 환산해서 얼른 잡아도 20 리는 넘게 걸어야 답이 나온다. 일도 없이 하루 20 리 걷는 사람이 몇이나 되겠는가. 흔한 일도, 쉬운 일도 아닌 것이다. 안 할 말로 그건 미친 사람이나 할 짓이지 제정신 박힌 사람들로서는, 아니 먹고 노는 사람들도 하기 힘든 일이다. 그래서 그것도 부담이 돼 내버려 둔 것이다.

아날로그와는 다르다고 해서, 다시 말해 거실에서 조금씩 움직이는 것도 다 등산 된다기에 새 것으로 한번 차보았다. 괜한 만 보에 대한 욕심 때문이다. 그러나 큰 차이가 없었다. 미세한 동작까지 합산된다고는 하지만 이것으로도 만 보를 근처에도 못 미쳤다. 일상의 하루 활동량으로는 5천보도 잘 나오질 않는 것이다. 하긴 또 말이 나왔으니 얘기지만, 그런 식으로 만 보를 채운다 한들 그게 무슨 의미가 있겠는가.

두어 달은 차고 있었는지 모르겠다. 결국은 그놈의 디지털도 떼 놓곤 말았다.

저물녘이 다 돼서 한 번씩 들여다보면, 어지간히 돌아다녔다 싶은데도 5, 6천 보 나오면 많이 나온다. 3, 4천보가 태반이다. 그 수치를 다 채우자면 저녁을 먹고 또 돌아다녀야 한다. 조금 부족하면 적당히 긴가민가하게나마 채울 수가 있겠는데, 어떤 날은 턱도 없이 모자라 아예 포기를 해야 할 판이다. 그렇다면 이 만보기는 뭔가 말이다. 무용지물이 아닌가.

그런데 이상한 건, 만 보를 채운 날은 이상하게 기분이 좋은 반면에 못 채운 날은, 마치 매일 먹던 약을 안 먹은 것처럼 마음이 찜찜하다는 점이다. 일테면 그것도 하나의 짐이 되더라는 이야기다.

그렇다보니 만보기를 차고 다닌다는 건 걱정거리를 하나 더 만들어지고 다니는 셈이다. 그걸 차고 있는 목적은 죽으나 사나 만보를 채우자는 것인데, 실생활에서는 그게 안 나오니 말이다.

하루는 병원에 들른 김에 의사한테 한번 물어 보았다. 요새 시중에 만보기라는 게 유행인데 그게 무슨 만수무강에 확실한 의학적인 근거가 있느냐고.

"뭐 딴 거 있습니까. 비만아들이 자꾸 늘고 하니까, 운동부족인 사람들한테 그 양을 좀 늘리라는 거죠. 그게 가장 쉽고, 비용이 적게 드는 운동 아닙니까. 그런 거라고 보면 되지 싶습니다."

세상에 이런 우문현답이 있는가. 듣고 보니 세상이 이런 천치가 있나싶게 자신이 답답하고 무능해 보였다.

조금만 눈을 크게 뜨면 아무 것도 아닌데 괜히 그런 엉뚱한 강박관념에 매달려 시난고난 했던 것이다. 다시 말하면 내가 나를 만보기라는 오랏줄에 묶어놓고 오락가락했던 셈이다. 아니면 만보기 회사의 상혼에 얹혀 춤을 추고 있었던 거고.

그리고 얼마 뒤였다. 메시아의 가르침 같던 그 의사의 말이 싱숭생숭해지는 이론異論과 마주친 일이 생긴 것이다.

한 동안 꽤 열심히 차고 다녔던 만보기가 보이지 않자 친구가 어떻게 된 일이냐며 물었다. 좀 유별나게 떠벌린 내 만보기 예찬론을 들어주었던 그 친구다. 나는 그 사유를 만보기에 구속받는 것 같아 포기했다고 의사한테 들은 이야기를 보태 설명했더니, 이런 지청구가 돌아왔다.

"야, 이 친구야. 의사 이야기라고 다 옳은 게 아니다. 의사가 공부한 건 병 치료하는 거지 인생 공부는 우리가 더 했단 말이다. 알프스 산 올라가는 사람들을 목숨을 걸고 올라가는데 지랄한다고 거기 올라 가냐. 그 사람들한테는 그게 목표 아니겠어. 마찬가지 아냐. 만보기를 얻어 찼으면 그만한 노력을 해야지 그거 귀찮다고 내버릴 바야 그거 만든 사람들은 뭐꼬 말이다."

통렬한 일갈—喝이다. 알프스 등반과 만보기에는 엇박자 비교인데도 그는 그런 비유를 해가며 나를 귀가 얇다고 나무란 것이다.

아마 내가 만보기를 차고 다니면서, 이젠 건강 하나는 잊어버려도 괜찮다는 식으로 기고만장을 하면서 으스대다가 제물에 수그러들자, 그 변덕에 대한 핀잔이 분명했다.

하지만 듣고 보니 그 이야기도 틀린 말은 아니다. 만보기도 필시 무슨 성과가 있기에 만든 거지 허투루 만든 건 아니라는 것이 갑자기 새삼스레 꿈틀했다. 종심從心 나이가 여기에서 또 엉거주춤 갈피를 못 잡는다.

이제 내가 결정을 내려야할 때가 왔다. 이미 작심한 일이라 내가 편한 쪽으로 택하는 수밖에 없다. 매일 만보를 다 채우다가는 그 일 때문에 더 큰 걸 잃을지도 모른다는 생각에다 방점을 찍고 그렇게 결정해버린 것이다.

만보기에서 해방이 된 나는 그날 이후로 집 근처에 있는 학교 운동장을 도는 것으로 부족한 운동량을 채우기로 했다. 169센티미터 키에 80킬로그램의 무게라면 누가 보더라도 과체중이고, 따라서 어떤 방법으로든 운동이 필요하다는 건 이미 알고 있기 때문이다.

아침이건 저녁이건 시간이 허락하는 대로 가서 돌면 되니까 그렇게 편할 수가 없다. 두 바퀴를 돌아도 그만, 열 바퀴를 돌아도 그만이다. 운동하는 사람들이 많기 때문에, 그들과 대화를 트면서 걷는 건 아니더라도 외롭다거나 서글프지 않아 좋다. 굳이 만보를 채우겠다고 내키지 않는 걸음을 걷는 것과는 하늘과 땅이다.

그런데 여기에도 아주 문제가 없는 건 아니었다. 운동장을 돌면서 그 회수를 나는 나도 모르게 세고 있다는 사실이다.

"오늘은 열다섯 바퀴만 돌아야지."

운동장에 들어서면서 나는 나도 모르게 오늘 하루치 운동량을 미리 작정해서 그 목표를 향해 돌고 있더라는 사실이다. 그리고는 그 회수를 손가락으로 곱는다.

한 바퀴 도는데 안쪽 트랙은 250미터이고 바깥 트랙은 300미터다. 그러면 회수에 따라 내가 얼마쯤 걸었다는 양이 나온다. 어떤 날은 좀 무리가 오더라도 참아가면서 처음 작정한 바퀴 수를 채우기도 한다. 그런 날은 땀에 흠씬 젖는다. 물론 싫으면 안 해도 그만이긴 하지만 이왕 나온 이상 그것을 고집한다.

그러면 이건 또 뭔가 말이다. 만 보를 채우는 것과 열다섯 바퀴를 채우는 것과 어떤 차이가 있는가. 모양에는 차이가 있겠지만 목표치를 정해놓고 그 목표를 달성해야한다는 구속은 똑 같은 게 아닌가. 참으로 어처구니없는 논리가 새로 하나 나온다. 의사의 이야기도, 친구의 이야기도 다 타당성이 있더라는 이야기다. 어떤 게 건강에 좋고, 안 좋고는 별개의 문제다.

몸무게를 줄이기 위해 운동을 정기적으로 해야 한다는 생활방편으로 볼 땐 이것 또한 분명히 구속이다. 좀 더 범위를 넓혀놓고 보

자. 출근도 구속이고 퇴근도 구속이다. 법은 말할 것도 없지만 질서
며 윤리, 예절을 지키는 것도 모두 같은 맥락이다. 더 크게 는 하루
세끼를 먹는 것, 저녁에 잠자리에 들고 아침에 일어나는 것 까지도
다 구속이다. 일어날 때 안 일어나면 남의 간섭이 분명히 따르니까
말이다.

세상의 모든 규율은 우리가 작당을 해서 만든 구속이고, 내가 운
동장을 도는 건 내가 나한테 씌운 구속이다. 더 넓게 범위를 잡는다
면, 내 일상 행위는 물론 사고까지도, 아니 자유롭고 본능적인 놀이
나 성행위까지도 하나의 구속으로 봐야하지 않을까 생각해본다.

만보기의 구속에서 벗어나긴 했지만 또 하나의 구속이 나를 기다
리고 있을 줄이야. 비가 오는 날은 운동장을 찾지 않아도 된다, 이
것도 하나의 구속이 아니고 뭔가 말이다.

지금 나는 모든 강제에서 벗어나 먹고 싶을 때 먹고, 자고 싶을
때 자고, 노래를 부르고 싶을 때는 언제든지 노래를 부를 수 있는,
일테면 자유를 만끽하고 있지만, 한 발짝 물러서서 돌아보면 그 자
유한테 구속을 받아, 허덕이며 살아가고 있는 셈이다.

# 제4부
## 그래도, 우리한테는 꿈이 있습니다

# 못난 꿈도 사랑할 수 있다면

난, 난, 꿈이 있었죠. 버려지고 찢겨 남루해도
내 가슴 깊숙이 보물과 같이 간직했던 꿈.
혹 때론 누군가가 뜻 모를 비웃음 내 등 뒤에 흘릴 때도
난 참아야했죠. 참을 수 있었죠. 그날을 위해
늘 걱정하듯 말하죠. 헛된 꿈은 독이라고
세상은 끝이 정해진 책처럼 이미 돌이킬 수 없는 현실이라고
그래요, 난, 난, 꿈이 있어요. 그 꿈을 믿어요. 나를 지켜봐요.
저 차갑게 서있는 운명이란 벽 앞에 당당히 마주칠 수 있어요.
언젠가 나 그 벽을 넘고서 저 하늘을 높이 날 수 있어요.
이 무거운 세상도 나를 묶을 수 없죠.
내 삶의 끝에서 나 웃을 그날을 함께해요.

카니발(이적과 김동률)이 작사, 작곡을 하고 노래를 부른 '거위의 꿈'이란 가요다. 요즘 젊은이들한테 인기가 짱이다. 인순이가 다시 불러 더 뜨게 된, 축제 같은 데서 특히 많이 부른다.

가사 속에 아직은 미지수지만 불원간에 이루어질 그들의 소망이 그 속에 신기루로 숨 쉬고 때문이다. 그들은 그 꿈을 믿어보는 것이다.

설령 그게 착각이라도, 그런 노래를 주문처럼 자꾸 읊으면 언젠가는 그 꿈이 현실로 자신 앞에 홀연히 나타날 것만 같은 믿음을 갖게 해준다. 아니, 나타나지 않더라도 그 꿈을 노래하는 동안만이라도 행복할 수 있기 때문에, 어쩌면 그 착각을 즐기는 것이다. 마치 진짜 꿈속에서 어쩌다가 내가 바라던 목적을 달성할 수 있는 것 처럼.


Boys be ambisious! (소년들이어 야망을 가져라!)

60년대를 전후해서 우리가 중·고등학교를 다닐 때 공부방에는 이런 격문檄文을 거의 모두가 하나씩은 다 붙여두고 지냈다. 당연히 내 책상 앞에도 있었다. 지금 생각해보면 그 야망이 바로 꿈이 아니었던가 싶다.

'거위의 꿈'과 같은 맥락으로 보면 될 것이다. 그 격문을 보고 있으면, 그 격문이 언젠가는 나한테 무엇이든 하나를 안겨줄 것만 같았기 때문이다.

꿈 이야기가 나오면 나는 곧잘 삼국유사에 나오는 승려 조신調信

의 꿈과 'I have a dream'으로 우리한테 잘 알려진 마틴 루터 킹 목사의 연설을 생각해본다.

먼저 조신 이야기부터 해보자. 춘원 이광수의 장편소설 〈꿈〉으로 해서 우리한테 그 내용이 더 잘 알려진 이야기다.

승려의 신분으로 태수太守의 딸 달례를 짝사랑한 조신은, 기도 끝에 그 꿈이 마침내 이루어져, 두 사람은 태백산 아래서 가정을 이루어 아들딸을 낳고 살게 된다. 하지만 그렇게 만들어진 사랑에는 고난과 역경이 따르기 마련인 법. 그 후유증으로 조신은 아내를 지키기 위해 살인을 하게 되고, 도주행각 중 아들의 죽음을 맞았으며, 끝내는 붙잡혀 옥살이를 하게 되고, 아내 달례는 산으로 들어가 비구니가 된다. 그런 파란만장한 삶 끝에 그는 형장으로 끌려가 죽음을 맞게 되는데, 그 악전고투의 벼랑에 매달려 몸부림 치다가 큰스님한테 엉덩이를 차여 벌떡 일어난다. 악몽에서 깨어난 것이다. 태수의 가족이 자기네 절간에 들리던 날, 그는 마당을 쓸다가 그런 꿈을 꾼 것이다.

세속의 생활이 얼마나 고통스럽고 허무하다는 걸 안 그는 그때부터 새로운 각오로 불도에 증진, 이름난 선사禪師가 된다는 부족한 수행이 번뇌와 미망을 초래한다는 이야기다.

또 하나는 마틴 루터 킹 목사의 연설문이다.

"나에게는 꿈이 있습니다. 조지아 주의 붉은 언덕에서 노예의 후손들과 주인의 후손들이 형제처럼 손을 잡고 나란히 앉게 되는 꿈입니다.

나에게는 꿈이 있습니다. 이글거리는 불의의 억압이 존재하는 미시시피 주가 자유와 정의의 오아시스가 되는 꿈입니다.

나에게는 꿈이 있습니다. 내 아이들이 피부색을 기준으로 평가되지 않고, 인격으로 평가되는 나라에서 살게 되는 꿈입니다. 지금 나에게는 그 꿈이 있습니다.

나에게는 꿈이 있습니다. 지금은 지독한 인종차별주의자들과 주지사가 간섭이니, 무효니 하는 말을 떠벌리고 있는 앨라배마 주에서, 흑인 어린이들이 백인 어린이들과 형제처럼 손을 잡을 수 있는 날이 올 것이라는 꿈입니다.”

향년 39세에 피격으로 삶을 마감한, 노벨평화상을 받은 인권운동가 마틴 루터 킹 목사의 이 연설은, 링컨의 게티즈버그 연설과 함께 미국은 물론 전 세계를 감동시킨 명연설로 알려져 있다.

미국은 그의 생일인 1월 15일, 1월의 셋째 주 월요일을 국경일로 잡아놓았을 만큼 그를 추앙한다.

두 사람의 꿈은 저마다 다른 의미를 담고 있다. 조신의 꿈은 ‘자신의 꿈을 반면교사反面教師로 해서 이룬 꿈’이고 마틴 루터의 꿈은 ‘정면 돌파로 이룬 꿈’이다.

세상에 꿈 없는 사람이 어디에 있겠는가. 누구에게나 다 있다. 꿈이 없다면 산다는 의미가 없다. 꿈은 나의 내일이고, 나의 미래이며,

꿈은 또 하나의 나의 생명이다.

반기문을 꿈꾸는 사람, 김연아를 꿈꾸는 사람, 박지성을 꿈꾸는 사람, 우리는 모두 저마다 꿈을 품고 살아가고 있다.

그러나 또 한편으로 다르게 생각해 보면 그 꿈을 이루는 사람이 몇이나 될까가 말꼬리를 잡는다. 그들은 모두가 5천만 가운데 선택된 한 사람들이다.

약학과를 나온 사람이 가수가 되고, 경영학과를 나온 사람이 기자가 되며, 신문방송학과를 나온 사람이 보험설계사가 되는 게 허다한 세상이다. 그들은 모두 꿈과 다른 길을 간 사람들이다. 대통령이 되겠다고 대통령이 되는 사람이 몇이나 되며, 장군이 되겠다고, 판검사가 되겠다고 그 꿈을 이루는 사람이 몇이나 되겠는가.

친구 오디션 자리에 응원하러 따라갔다가 대신 가수가 되기도 하며, 음식점 주차요원으로 일하다가 우연히 점심 먹으러 들린 영화감독 눈에 떠어 일약 유명스타가 되는 예를 우리는 잘 알고 있다. 사람 한평생을 살다보면 하마터면 월급쟁이가 될 뻔했다가, 하마터면 장사꾼이 될 뻔했다가, 또 하마터면 노름꾼이 될 뻔한, 꿈보다도 '하마터면'의 운명으로 살아가는 경우를 많이 본다.

한창 때 나한테 꿈은 춘원과 같은 작가가 되는 것이다. 한의사인 아버지는 당신의 꿈으로 의사가 되기를 바랐지만 나한테 그런 재능은 없었다.

내가 고등학교 다녔을 때 〈학원〉이라는 학생잡지가 있었는데 거기에 내 글이 한편 실리면 그게 그렇게 좋았다. 61년도 제 4회 김

천 문화제 때 한글시 백일장에서 장원을 한 일이 있고, 그해 한양대학교에서 주최하는 전국남녀고등학교 문예낭독회에 참여 그 학교 교수인 박목월을 비롯, 조지훈, 박두진 등 당대 유명 시인들이 직접 심사하는 자리에서 차하次下로 입상(장원 : 조세희), 그런 선생님들과 악수를 하고 사진을 찍을 때만 해도 나는 내 꿈이 이루어지는 줄 알았다. 그런데 다 지내놓고 보니 그건 꿈이었을 뿐이다.

생활이라는 현실 앞에서 그 꿈이 월급쟁이 옷을 갈아입어야 했다. 그렇다고 갈아입은 옷이 꿈에 어울리지도 않았다. 꿈은 옷이 마냥 거추장스러웠고, 옷은 옷대로 그런 꿈이 짜증이 났다. 그들의 불협화음은 지금까지도 타협점을 못 찾아 허둥대며 발가락 새 티눈처럼 나를 괴롭혔던 것이다.

기차와 달리기를 해본 사람들은 잘 알 것이다. 한참동안을 같이 가기에 기차와 같은 속도인 줄 알지만 실은 그런 착각이 없다. 기차가 긴 걸 알고 그 착각에서 깨어났을 땐 이미 기차의 머리는 산모퉁이를 돌아가고 있는 데야 주저앉을 수밖에 없다. 일테면 '홍곡지지鴻鵠之志를 연작燕雀이 어찌 알리오'가 되고 만 셈이다.

꿈을 몰라도 너무 몰랐던 것이다. 모두 꿈을 가지라고 부추기에, 저마다 꿈은 가지고 있다고 떠벌리기에, 너무 쉽게 생각한 것이다. 모두 노래가 꿈 타령이기에 그렇게 해결이 되는 줄 알았다. 다 지내놓고 보니 풍차한테 칼을 뽑은 돈키호테의 꼬락서니로 남게 되는 걸 그때는 몰랐다.

애니메이션 영화 '겨울왕국'에 나오는 올라프한테는 꿈이 하나 있다. 따스한 여름을 살아보는 것이다. 파아란 하늘 아래 꽃향기 속에서 춤추며, 바닷가 해수욕장에서 수영복차림으로 뛰노는 그런 멋진 생활을 경험해보고 싶었던 것이다. 추운 겨울 꽁꽁 언 손을 호호 불며 떨어야하는 그에게는 분명히 무척 그리웠던 꿈이었을 것이다.

하지만 여왕의 마법에 의해 태어난 올라프는 눈사람이다. 자기가 꿈꾸던 여름을 맞는 순간 자신부터 먼저 녹아 없어진다는 걸 몰랐던 것이다.

꿈과 현실은 당연히 다르다. 꿈은 내가 만들 수도 있지만, 현실이라는 건 내가 원한다고 만들어지는 게 아니다. 세상에 올라프의 꿈을 꾸는 사람이 어디 하나둘일까.

꿈은 소망의 다른 말이고, 좀 더 노골적으로 캔다면 욕망의 다른 말이다. 욕망을 보기 좋도록 포장하거나 색동옷을 입혀놓은 게 곧 꿈이다. '나에겐 욕망이 있어요'라는 말로 꼬셨다면 섬뜩했을 터인데 '나에겐 꿈이 있어요'란 유혹에 모두 당의정인 줄 모르고 빠져드는 것이다.

꿈도 잘못 꾸면 독이 되는 경우가 많다. 우리는 이미 경험으로 그 사실을 잘 알고 있다. 꿈자리가 어지러우면 그날은 종일 뒤숭숭하고 불안한 하루를 보낸다. 그런 꿈은 처음부터 꾸지 않았어야 좋다. '거위의 꿈'에 나오는 '헛된 꿈은 독이라는' 구절이 나오는데 그래도 나는 그 꿈을 믿는다면 할 말은 없다.

꿈도 내가 가야 할 꿈이 아니면 궤도 수정은 당연히 필요하다. 그 수정은 빠르면 빠를수록 좋다. 꿈꾸는 사람들 가운데는 곧잘 신문에 오르내리는 하마평下馬評에 등장하는 명사들의 경력과 나이를 자기랑 비교해 보는 이가 많다. 하지만 대다수가 거기에 못 미치고 한숨을 토한다. 살아갈수록, 나이가 들수록 꿈과는 자꾸만 거리가 멀어지고 있는 상태란 걸 실감하게 된다는 이야기다. 무슨 일이 있더라도 불나비의 꿈을 꾸지는 말아야 할 지어다.

일장춘몽一場春夢이니, 백일몽白日夢이니, 남가일몽南柯一夢이니, 장자의 호접몽胡蝶夢에 나오는 꿈 이야기를 나는 잘 알고 있다. 그런 말들이 왜 교훈으로 쓰인다는 것도 물론 안다. 다 알고 있으면서도 거기에서 곁눈질이 쉽게 안 떨어진다는 것도 나는 또한 알고 있다.

한 친구의 전시장에 갔더니 방문록에 이런 글이 올라 있었다.

'夢鳳蟻勞'

(몽봉의로 : 꿈은 봉황 꿈을 꾸되 사는 건 개미처럼 열심히 살아라.)

모르긴 해도 주인공을 잘 아는 사람이 쓴 것으로 본다. 큰 포부를 가지고 정진은 하되 생활은 현실을 감안하라는 이야기 같았다. 봉황과 개미를 꿈과 현실로 비유했다는 게 참으로 근사하고 놀랍다. 꿈을 제대로 본 것이 아닐까 생각해본다.

그러나 어쩌랴. 인생의 종착역이 멀지 않은 곳에 도사리고 있음을 알면서도, 그래서 꿈과 함께 가기에는 아무래도 이제는 아니라는 걸 번히 알면서도, 한사코 그 곰삭은 꿈이 바짓가랑이를 잡고 매달리고 있으니, 이를 어찌하랴.

이왕 남의 노랫말로 이야기를 열었으니 마무리도 그렇게 매듭을 짓자.

요즘 우리나라를 제 2의 고향이라며 자주 내왕하는, 영국의 오페라 가수 폴 포츠라는 덩치 큰 이가 있는데, 그가 애송하고 있다는 러디어드 키플링의 〈만약에(if)〉라는 시를 여기에 한번 옮겨본다.

이 시가 왜 그렇게 내 마음에도 드는지 모르겠다. 내가 생각하는 꿈, 그 꿈에 대한 확실한 대답을 그 시가 모처럼 가르쳐주는 것 같아 너무 고맙다.


만일 네가 꿈을 갖더라도
그 꿈의 노예가 되지 않을 수 있다면,
만일 네가 어떤 생각을 하더라도
그 생각이 유일한 목표가 되지 않을 수 있다면,
인생의 길에서 성공과 실패를 만나더라도
그 두 가지를 같은 것으로 받아들일 수만 있다면,
세상은 너의 것이 되리라.


If you can dream and not make dream master
If you can think and not make thoughts your aim
if you can meet with Triumph and Disaster
And treat those two imposters just the same;
Yours is earth and everything that's in it.

# 진심으로 축하합니다

아홉시 뉴스를 쏟아지는 졸음과 실랑이를 하면서 보고 있는데 휴대폰이 울었다. 친구 B한테서 온 전화였다. 이런 시간에 전화할 사람이 아닌데, 혹 또 주변에서 누군가가 세상을 버리지 않았나, 그런 좀 방정맞은 생각을 달고는 전화를 받는다.

"오늘 매일신문 봤어?"

매일신문은 이곳 지방 석간이다.

"아니 못 봤는데‥‥ 무슨 경사라도 났어?" 목소리가 들떠있는 듯 들려 그쪽으로 던져본다.

"경사랄 거까지는 없고, 이번에 입선 하나 했다. 영화구년永和九年으로 시작하는 정난정체를 써냈는데 그게 뽑혔더라구."

"아이구 이 사람아, 축하한다."

"대단찮은 거지만 자네한테만은 알리고 싶어 늦은 시간임에도 불구하고 전화한 거야."

"당연히 해야지."

"지금 옆에 우리 식구가 있는데 자네한테 전화 한다니까 뭐란 줄 알아. 좀 자중하란다. 부끄럽지도 않냐며."

"부끄럽긴 이 사람이··· 경사가 따로 있냐, 뭐. 정말 수고 했네."

입으로 하는 찬사라 감정을 듬뿍 담아 싸 바른다. 그런 소리 들으려고 이 시간에 전화 한 게 아니겠는가.

그가 입선했다는 매일신문 서예전은 지방에서 시전市展이라도 해도 좋을 만큼 알아주는 서예전이다. 전시는 언제부터 어디서 하냐고 물었더니, 예술회관 2층인데 이번 주말에 오면 자기가 거기 있을 거라고 말했다. 모처럼 한 전화인데 관심을 안가질 수가 없었다.

나는 꼭 찾겠다는 이야기를 하고 전화를 끊고는 새삼스레 신문을 뒤적거려보았다. 그의 이름은 187명이나 되는 입상자 명단 끄트머리에 깨알 같은 글씨로 박혀 있어, 돋보기를 쓰고서야 간신히 찾을 수가 있었다. 친구한테는 좀 미안한 이야기지만 거기 박힌 자기 이름을 읽은 사람은 세상에 당사자와 나 두 사람 뿐이 아닌가 싶은 생각도 아닌 게 아니라 들판이다.

그가 서실에 나간다는 이야기는 사오 년 전에 잠깐 들었으나 나는 건성으로 듣고 이내 흘려버렸던 것이다. 그 친구 스타일이 그런 일에 매달릴 사람이 아니기 때문이다.

지방에서 서기관까지 했으니까 공직자로선 나름대로 성공한 사람이다. 정년 뒤로는 죽이 맞는 친구들과 얼려 고스톱이나 치고 철마다 해외 나들이도 한 번씩하며 주로 인생을 즐기는 쪽으로 시간을 보내는 사람이었다. 연금도 낫게 받고 하니까 세월을 그렇게 보내도 충분히 그 생활은 되었다.

"살 날이 얼마나 남았다고, 지금 그런 거 배워 뭐하게. 귀신 떡 갈라먹는 소리들을 하고 앉았네. 그럴 시간 있으면 잠이나 더 자라고. 여가선용이란 게 꼭 일한테만 해당되는 건 아니라고."

퇴직 후, 그동안 직장 일에 매여 못해본 일을 찾아 취미생활을 즐기는 사람들을 향해서는 곧잘 이런 식으로 쥐어박던 친구다. 그러기에 그가 서실에 나간다고해도 이름만 올려놓았거니 해 귓전으로 듣고 말았는데 이날 그런 전화가 온 것이다. 그러니까 딴에는 그쪽으로도 신경을 섰던 모양이다.

하긴 평생을 매달려도 일가를 이루느니 마느니 하는 일에, 노인 반열(65세)에 들어 대든다는 건 쉽지 않을, 아니 솔직히 불가능한 일 아닌가. 시간도 그렇지만 퇴행성 기능들이 뒷받침이 안 된다. 까짓 해 봐야 흉내를 내면 잘하는 편이다.

나는 기억해 두었던 주말에 그의 작품이 전시 되었다는 문예회관 2층 전시실을 찾았다. 그는 거기 나와 있었다. 세월이 그런 세월이라 그런지 주말인데도 관람자는 손가락으로 꼽을 수 있을 만큼 한가했다.

"잘 썼다. 진작 그쪽으로 손을 내밀어 볼 거 아닌가. 아주 근사한데 · · · ."

족자로 걸려있는 그의 작품 밑에서 쏟아진 내 찬사다. 하긴 낸들 뭐 아는가. 이런 자리에선 거저 두루뭉수리하게 추임새로 싸 바르는 게 상책이겠지.

잠시 뒤 우리는 부근 한 식당에서 소주잔을 가운데 놓고 마주 앉았다.

"자네 말마따나 우린 너무 늦었어. 손이 굳어서 잘 안 따르는 거야."

"늦구 말구지. 그래도 이 사람아, 정신 하나가 놀랍다."

"여기에 특선이 한 스무 나뭇 점 되는데, 내년쯤엔 그쪽에다 욕심을 두고 있는데 모르겠구만. 이왕 들여놓은 발 길 아닌가. 안 그래? ···색소폰 부는 건 포기했다."

"색소폰보다는 이게 훨씬 낫제. 그건 자네 스타일이 아닌데."

"모르겠다. 시간이나 보내는 거지 뭐. 지금 대들어 한석봉이 되겠어, 추사가 되겠어."

"사람 일 아무도 모른다. 너무 거창한데다 비교를 해 좀 그렇긴 하다만, 대통령 되겠다고 별러 대통령 된 사람 아무도 없다. 하다가 보니 그렇게 된 거지."

"턱도 없는 소리 ····. 허허허."

말은 그렇게 해도 호방한 웃음을 담는 걸 보면 싫지는 않은 모양이다.

성취라는 건 크건 작건 시도를 해서 이룬 사람한테는 보람된 것이며 긍지이고 자랑이다. 그리고 행복이다. 일흔이 코앞인데, 지금 지방 서예전에서 누구 하나 알아주지도 않는 187명 입선자 가운데 한 사람으로 올라, 마치 그게 입신立身이라도 된 양 즐거워하는 게 모두 그런 거 아니겠는가. 수분守分을 안다는 건 그 자체가 복이다.

언젠가 선배이며 친구인 한 사람으로부터 영문도 모른 채 불려나가 참하게 술을 한잔 얻어먹은 일이 있는데, 파장 직전에 그가 뱉어 놓은 이야기가 문득 생각난다.

"우리 손자가 이번에 카이스트에 들어갔다는구랴. 하긴 지금 내가 그 녀석 덕을 보겠어, 뭐 하겠어. 지 인생 지가 살고 내 인생 내가 사는 건데. 그런데도 기분은 그게 아니더라니까. 그런 거 보면 나한테도 그런 DNA가 어디 숨어있었던가 봐. 그래서 그 자랑 좀 하려고 모두 불러낸 거야. 누구는 손자 랑 관계설정을 같은 동포의 한 사람일뿐이라고 정의를 내리더라만, 어쨌거나 난 그래도 기분이 그렇게 좋더라니까."

그때 참석한 사람들은 모두 박장대소로 그를 칭송한 일이 있는데 그런 게 다 그런 행복 아니겠는가.

"이제 보니까 입선 그것도 쉽지 않더구먼. 응모한 사람이 5백 몇 명이라나, 그런 거 보면 나보다 못한 사람이 3백 명도 더 된다 이건데····."

그러면서 친구는 새삼스럽게 신문에 난 기사를 꺼내 놓는다. 오려둔 신문쪽지를 그 사이 얼마나 폈다, 접었다를 했던지 그곳이 하늘하늘 달아있었다.

# 자식 주례를 서보았더니

"아버지, 친구 가운데 혹 주례 서주실 만한 분 안 계십니까?"

막내의 혼인 날짜를 잡아놓은 뒤 녀석이 내게 묻는 말이다.

" · · · ?"

태무심하고 있던 차에 받은 질문이라 어리둥절할 수밖에 없었다. 그런 건 제가 다 알아서 할 줄 알았던 것이다. 대학교에서 일도 좀 했고 직장생활도 5, 6년 이상 해온 터라, 저를 가르친 교수나 직장 상사들한테 부탁해서 해결하면 될 것 아닌가. 그런데 그런 주문을 해온 것이다.

"주변엔 마땅한 사람이 없어서 그럽니다."

"그럼 한번 알아보마."

서른 중반에 들어서는 녀석인데, 그런 것도 하나 못 챙긴 깜냥이 못마땅하긴 해도 그럴만한 사정이 있겠지 생각하곤 주변을 한번 돌아보았다. 이거야 말로 엉뚱한 걱정을 하나 떠맡게 된 셈이다.

쉽게 떠오르는 인물이 없었다. 주례라면 얼른 드는 생각에도 최소한 인격적으로 결손이 없는, 덕망 있는 사람이라야 한다는 고정관념이 고개를 쳐든다.

좀 괜찮은 사람을 내세우자니 사례비가 은근히 걱정되고, 그렇다고 아무한테나 부탁하자니 개뿔도 아닌 자존심이 자꾸 꼼지락거린다.

내 주변에 주례를 내세울만한 사람들을 머릿속에 찍어본다.

가장 먼저 떠오르는 사람이 친구가운데 전문 주례로, 퇴직 후 그쪽으로 발을 들여놓아 여기저기 예식장을 뛰어다니는 이가 있는데, 그의 얼굴이다. 언젠가, 이제 그것도 수요가 없어 주말에 하나 돌아오면 감지덕지한다는 그의 말도 떠오르고, 그의 명함에는 내가 아는 것 외에 한 번도 들어본 일이 없는 수필가며, 무슨 자문위원이 들어가 있는 것을 보고 같이 웃었던 일도 생각난다. 이 친구한테 부탁하면 간단히 해결되지만 아무래도 좀 그렇다는 생각이 갸우뚱 한다.

모 호텔에 고문으로 있는 선배를 찾아보았다. 가는 날이 장날이라고 그는 그때 자기네 호텔에서 예식을 올리는 지인과 이야기를 나누고 있었다. 그런데 그 내용이 전직 이곳 시장을 주례로 내세우는 것을 전제로 그 사례비를 협의하고 있었다. 옆에서 듣자하니 입이 딱 벌어진다. 번지수를 잘못 찾아도 엄청 잘못 들었다 싶어 한번 운도 떼지 못하고, 차만 한 잔 얻어 마시고 그냥 나오고 말았다.

여기저기 알아보려 머리를 짜내는데 문득 40여 년 전, 내 결혼식이 떠오른다. 그때 나는 근무처의 우리 과장한테 부탁해서 기관장인 청장을 주례로 모시는데 허락을 얻어냈다. 청 내에는 200여명의 직원이 있기 때문에 나는 청장을 잘 알지만 청장은 미관말직인 내가 누구란 걸 알 턱이 없다. 허락이 떨어진 뒤에서야 처음 찾아뵙고 인사를 한 그런 관계다.

그런데 사달이 난 것이다. 하필이면 그날 청장이 서울 출장 갈 일이 생긴 것이다. 청장이 출장가면서 총무국장한테 부탁을 해두어 적당히 넘어가긴 했지만 결과적으로는 생뚱한 사람을 주례로 받아들인 셈이다. 그 총무국장은 두어 달 뒤 비리에 연루되어 다른 곳으로 떠나버렸는데, 지금 생각해보면 참으로 기구한 설정이었다. 말하자면 내 의도와는 무관하게 뒤죽박죽이 되었고, 그 후일담까지 나를 혼란스럽게 했던 것이다.

그쪽으로 더 알아 보았자만 신통한 구석도 없었고 이런저런 이야기들만 양산될 뿐이다. 주례 없이 한다는 사람, 양가 사돈 두 사람이 하나는 사위에게 하나는 며느리에게 주는 글을 읽었다는 사람, 심지어는 신랑친구가 하더라는 말도 들린다.

골몰 끝에 이윽고 결론을 내렸다. 내가 맡아보기로 한 것이다. 격식이 어떤 건지는 모르지만 그런 기존의 틀을 한번 깨보고 싶었던 것이다.

막내를 불렀다.

"니 주례 말이다, 내가 하면 어떻겠니?"

"네? 아버지가요!"

황소 얼음 밟은 눈으로 놀란다.

"그래. 못할 거는 뭐 있냐. 생판 모르는 남보다야 백번 낫제."

"아버지는 혼주잖아요."

"겸하면 될 거 아냐."

"그래 하는 사람들도 있는가요?"

"그건 나도 모르겠다."

한동안 머리를 쓱쓱 긁더니만 마지못한 듯 승복을 한다. 하지만 미심쩍은 건 어쩔 수 없는 모양이다.

"그럼 아버지가 한번 해보시죠. 그런데 아버지는 그런 건 한 번도 안 해 보셨잖아요."

"왜 걱정이 돼서 그러냐?"

"그런 것도 좀 있고····."

"우리 실험삼아 한 번 해보자꾸나. 나 같은 사람한테 주례 부탁할 사람도 없겠지만, 내 생각엔 그래도 그게 낫지 싶다. 경제적으로 절약도 되고, 웃음거리는 되지 않도록 해보마."

그렇게 두 사람은 합의를 보았다.

그런데 이번엔 아내가 별로 반가워하질 않았다. 국회의원이나 대학교수 같은 지위나 인품을 갖춘 사람들만이 맡아온 것만을 본 아내로서는 당연히 그렇게 받아들일 수밖에 없을 것이다. 표정으로 봐서는 내가 주례를 선다니까 이게 무슨 김밥 옆구리 터지는 소린가 싶은 모양이다.

"당신 자신 있어요?"

"자신은 무슨 자신, 그냥 하면 되는 거지."

"친구들 가운데 주례하는 사람이 있다면서."

"그 사람들 보다 내가 못할 게 뭐 있는데····."

"아이고 나는 모르겠구먼."

아내의 무거운 걱정을 짊어진 채 당일을 맞았다.

혼주석에 앉았다가 사회자의 안내에 따라 내가 주례로 등장하자, 사전에 예고가 없었던 터라, 주변 사람들이 모두 신기한 표정을 지었다. 또 별놈의 꼴을 다 본다는 눈들이다.

"오늘 신혼신부가 하는 이 맞절은, 물론 하나의 의식에 불과하지만, 살아생전에 두 사람이 하는 절로는 처음이고 마지막입니다. 옛날에는 반가에서 부부간에도 세배도 하고 했지만 지금은 모두 사라졌지요. 그러니까 이 맞절은 숭고하게 사랑, 믿음, 헌신을 알뜰히 담아 자신이 할 수 있는 최상의 지고지순한 정성을 다 담아 해주길 바랍니다. 신랑, 신부 경례."

이어서 주례사로 들어갔다. 자식들한테 하는 이야기인데다가 처음 해보는 주례라 여러 날 신경을 써서 짜낸, 딴에는 무척 힘 들인 헌사獻詞다.

"····하피첩에 대한 이야기를 하나 하겠습니다. 얼마 전에 KBS 진품명품을 보다가 알게 된 것인데 다산 정약용에 대한 이야깁니다. 천주교 탄압으로 다산이 전라도 강진에서 유배생활을 하고 있을 때 일입니다. 부인 홍 씨가 멀리 떨어져 있는 남편을 그리워한

나머지 그가 시집올 때 입고 온 붉은 치마를 보냈었던가 봐요. 그러자 다산은 그 치마폭을 오려 책을 만들고선 거기에다가 부인과 자식들에게 하고 싶은 글을 적어 보냈답니다. 노을 하霞자와 치마 피帔자, 여자들이 혼인식 때 입는 녹의홍상綠衣紅裳의 홍상을 다산은 그렇게 노을빛 치마로도 불렀던가 봅니다.

그런데 그 하피첩에 대한 이야기는 이야기로만 전해졌을 뿐 지금까지 누구도 본 사람이 없었는데 그날 진품명품 자리에 그 물건을 한 숙박업자가 들고 나타난 것입니다. 그 사람 말에 의하면 그 또한 자기가 보관해온 것이 아니라 파지를 줍는 할머니의 리어카에서 실로 우연히 발견, 구입을 해서 진위여부를 알기위해 가지고 나왔다는 거예요. 당시 감정을 맡은 선생님은 그 하피첩을 보고 온 몸이 떨렸다고 했는데 그만큼 그게 소중한, 최소한 보물급 문화재는 충분하다면서 고가의 가격을 매기는 것을 보았습니다.

내가 주례 자리에서 왜 이 이야기를 꺼내는고 하면 하피첩 가운데 다산이 자식들한테 주는 글 가운데 이런 말이 들어 있답니다. 나는 너희들에게 많은 재산과 전답대신에 근면할 근勤자와 검소할 검儉자가 사람을 어떻게 만든다는 것을 여기에 이르노니 잘 새겨 받아달라는 당부의 말씀이라는 겁니다. 그 말이 나 같은 사람한테는 큰 감동으로 다가오더라고요. 오늘 새출발 하는 두 사람한테, 부모로서 넉넉하게 감싸주지 못한 것이 송구스럽고 변명처럼 들리겠지만, 다산이 주문하는 이 두 글자를 나도 인용해서 두 사람 가슴속에 심어주고 싶습니다.

그리고 또 하나는 역지사지易地思之의 정신입니다. 아무리 뜻이 맞는 부부라고 해도 늘 좋을 수만은 없습니다. 우리 부부도 40여년을 한솥밥을 먹고 살아왔지만 지금도 걸핏하면 티격태격 다툽니다. 자기 몸도 자기마음대로 되지 않아 속을 태울 때가 많은데 DNA가 다른 두 사람이 어떻게 늘 한마음일 수가 있겠습니까. 부부싸움이란 건 어쩔 수가 없는 어떤 의미의 필요악일 수도 있습니다. 이럴 때 가장 좋은 방법은 상대방의 입장에서 문제점을 한번 생각해주기를 바라는, 다시 말해 역지사지의 정신을 발휘해보자는 것을 당부‥‥."

내 주례사는 이렇게 끝을 맺었다.

처음 서보는 주례에다 격식에 없는 혼주로서 하는 이야기라 다소 혼란스러운 건 어쩔 수가 없었다. 그런대로 괜찮았다는 관전평이긴 한데, 하지만 누가 당사자 앞에서 바른 소리 할 것인가. 어쨌거나 자식 덕에 모처럼, 어쩌면 평생 못해볼 경험을 한번 해본 것이다. 내가 아니고는 누가 나를 주례급(?) 인사로 만들 수 있겠는가, 자화자찬 나를 칭찬해본다.

그날 이후 나는 두 번 더 주례를 섰다. 그날 하객으로 참석 했던 사람들한테서, 일테면 청탁이 온 것이다. 하나는 우리 큰집 종손 재종질再從姪의 주례였고, 다른 하나는 막내의 친한 친구로 회사원이다.

# 꿈과 운명과…

"엄마, 이자 난 죽어도 더는 몬 올라간다."

"야가 머라카노."

"다리가 아파 죽겠다, 말이다."

"시끄럽다, 이것아. 다리 그래 아파가지고는 안 죽는다."

"엄마 나 좀 살리도."

"머, 이런 가시나가 다 있노."

"여게 땀 흐르는 거 좀 보라카이."

"너 땜에 내가 먼저 죽겠다. 내가 이기 무슨 짝이고."

"그러이까 고만 올라가자 안카나. 그라믄 엄마도 핀하고 나도 핀
할 거 앙이가."

"이것아. 지금 내 시킨 대로 안 하몬 시집도 몬 가. 그라믄 우짤
건데."

"안 가몬 델 거 아이가. 나 시집 안 가고 혼자 살란다."

"더 몬 올라가겠거등 그만 나하고 둘이 죽자. 그기 낫겠다."

"죽기는 와 죽는데···."

"내가 챙피해서 몬 살기라 안카나."

"엄마가 챙피할 기 머 있노. 내가 개한타 카는데."

"이런 돌대가리 좀 보라카이. 증말 안 일어날래?"

"그라믄 엄마, 우리 쬐끔만 더 쉬었다 가자."

"자꾸 쉬믄 오르나 마나다, 이것아. 고만 일어나라칼 때 일어나거라."

"그런데 엄마, 하나만 물어볼게."

"또 뭔데?"

"그전에 약 있다카더이 그건 우째 댔노?"

"갑재기 약은 와 찾노. 죽을라 카나."

"그 새, 엄마도 이자뿌릿구나. 약으로 살 빼는 기 있다문서."

"그런 총기는 엔간이도 좋다. 그거 안 댄다 카더라. 그거 묵고 살 뺄라카다가 죽을 고생을 했다는구나. 부작용 읍는 건 운동뿐이라 카이. 지발 나좀 살자. 여러 소리 말고, 이자 일어나거라."

"아이그 엄마···."

모녀의 이야기가 처음엔 사람 웃음을 물게 하더니, 자꾸 답답해지더니만, 이윽고 가는 한숨을 토하게 만든다.

앞에는 금호강, 뒤에는 가람봉, 우리 아파트의 배산임수背山臨水의 취락구조는 풍수를 하나도 오르는 우리가 보더라도 일품이다. 나는 특별한 일이 없는 한 주말이면 가람봉을 오르는 데에 시간을 할애한다. 해발 3백 미터쯤 된다고는 하나, 정상에 다 오르더라도 우리 아파트 배倍 높이밖에 안 되는 곳이어서 우리 같은 사람들이 오르기엔 딱이다.

다른 나라는 어떤지 모르지만 이런 조그만 코스까지, 운동시설은 또 그렇다 치더라도 산문마다 먼지털이 바람총 시설을 다 해 놓은 걸 보면, 잘 사느니 못 사느니 해도 복지시설 하나는 잘 돼 있다고 봐야한다. 남들은 어떻게 생각하는지 나는 그렇게 생각한다. 그런 시설들 때문에 사람들이 산을 더 찾는 것 같고, 생활체육이란 게 바로 그런 것 아니겠는가. 아마 보약 먹는 것 보다 낫지 싶다.

정자亭子 풍으로 만들어놓은 중간 쉼터도 그야말로 멋쟁이다. 전화만 하면 언제든지 열어서 사용할 수 있도록 비상구급약 상자까지 설치해 놓았으니 할 말이 없다.

운동도 운동이지만 오가는 사람들끼리, 통성명 없이 면으로 익혀 사귄 사람들과 부담 없이 나누는 채널도, 우리 같은 사람들한테는 큰 보탬이다. 아파트라는 주택구조 때문에, 한 뼘 벽 하나를 사이에 두고 살면서도 개 닭 보듯 지내던 사람들이, 그 불통의 가교가 이곳을 통해 열려졌다는 게 얼마나 고마운 일인가. 내가 산을 곧잘 찾는 목적엔 그런 것들이 다 들어있다.

이곳을 찾는 사람들은 계절이 따로 없다. 여름은 여름대로, 겨울은 겨울대로 그 매력을 즐긴다.

그런데 오늘은 아침나절이라는 어중간한 시간 때문인지, 운동 나온 사람은 안 보이고 낯선 모녀의 얼굴이 이채로운 연출로 등장했다. 아마 겨울방학을 이용, 그리고 사람들이 뜸한 틈을 찾아, 지금까지 들은 내용대로 하나의 과제를 갖고 오른 게 분명하다.

이런 장면은 가급적 보고도 못 본 척, 들어도 못 들은 척 하는 게 예라는 걸 모르는 건 아니나, 어쩌다 보니 흥미까지 발동, 송구스럽지만 딴청을 피우며 귓바퀴를 세우게 되었다.

모녀의 이야기는 계속 이어진다.

"증말 안 일어날 거가?"

"· · · ·."

"야가 이제 귀까지 어둡네."

"엄마, 가기는 가는데, 그런데 약속이 안 틀리나."

"머가 틀리노?"

"운동장만 돌라 안켔나."

"내가 머라카더노. 운동장만 돌아가지고 델 일이 아이라카이. 방학동안 오전에만 올라갔다 오자 안 그라더나. 더는 안 칼게."

"엄마, 이자 춥다."

"너도 참, 지금 추울 정신이 어데 있다고 춥다그라노. 계속 올라갔으문 갠찬을 거 아이가."

"발도 시리고."

"자, 내 잠바 이거 입어라."

"그라믄 엄마는 · · · ·."

"댔다. 여러 소리 말고 얼른 일어나거라. 엄마 미치는 꼬라지 안 볼라거등. 얼른."

"알았응게 소리 좀 지르지 마라. 남 숭본다."

"여게 듣는 사람이 누가 있다고, 그래도 챙피한 건 아는 모양 이제."

"저기 할아부지····."

"개한타. 저런 할아부지는 다 이해한다."

"참, 울 엄마 무섭다."

"무슨 일이 있든 이번 방학에는 살을 좀 빼야한다. 농짝에 늬 입 을 옷이 하나도 읍다 아이라."

"새로 사믄 델 거 아이가. 옷 그거 얼마 한다고."

"아이고, 입은 살아가지고. 큰 시장에도 너한테 맞는 옷은 읍더라 카이. 너도 같이 가서 안 봤더나."

"엄마, 그러큼 고생스러우믄 날 왜 났더노."

"이노무 가시나, 말 하는 꼬리지 한번 보래. 참, 생사람 잡겠네."

"알았다 안카나."

"증말 안 일어날래. 매 들까."

"소리 좀 지르지 마라카이."

"너 땜에 내가 내 명에 몬 죽지 싶다."

이윽고 두 사람은 쉼터에서 일어난다. 앉았던 딸이 일어나는데 천근 무게다. 듣자하니 듣는 나도 기가 찬다. 편을 들면 누구 쪽에 서야할지 모르겠다. 세상은 원래 그런 것이지만 가혹하다는 생각밖 에 안 든다.

어머니 뒤를 뒤뚱거리며 따라가는 딸의 모습이, 엄청 송구스런 표현이지만 그대로 도살장에 끌려가는 소의 몰골이다.

올해로 13년째 감람산을 오르내렸지만, 그동안 별의별 행색을 다 보았는데, 오늘 이런 정경은 또 처음이다. 딸도 고생, 엄마도 고생이다. 누구를 탓하랴, 조물주밖에는.

이런 날은, 이런 장면을 보게 된 날은, 나도 구처 없이 철학자가 되어본다. 운명을 사랑하라, 아모르 파티(Amor Fati), 그 운명애運命愛의 철학 말이다. 생각지도 않은 니체가 되어, 발가벗은 나뭇가지들이 푸른 하늘을 쪼개어 만들어놓은 여러 가지 문양 사이로 아득한 삶의 개념을 모처럼 본다.

# 내가 나를 대접해야

⟨하나⟩

내가 신고 있는 신발이 좀 보기가 딱했던지 하루는 둘째가 운동화 한 켤레 사드리겠다면서 같이 나가자고 했다. 백화점 7층 이름 난 코너를 찾아 마음에 드는 걸 한 켤레 골라보란다.

붙인 가격을 보니 이건 장난이 아니다. 그러나 나설 때 아내한테 들은, 사주거든 그냥 신고 여러 소리 말라는 이야기도 있고 해서, 못 본 척 하나 골라 들고 들어왔다.

26만원이었다. 생후 내가 신은 운동화로는 가장 비싼 가격이다. 아직 나는 4, 5만 원 이상 주고 사본 일은 없다. 세상 물정을 몰라서가 아니라 나한테는 그런 운동화가 굳이 필요하지 않기 때문에, 내 생활 패턴대로 살다가보니 그렇다.

그래 그런지 신발을 가져오긴 해도 찜찜한 마음이 떠나질 않았다. 아내한테 털어 놓을 수밖에 없다.

"이거 아무래도 나한테는 아니다. 너무 비싸다. 잘못 산 거 같다."

"고만, 그냥 신어요."

"그래도 이건 아니야. 내 마음이 안 편해."

"저엉 그러면 이녁 편한 대로 하구랴. 다른 걸 바꿔오든지 해서···."

그 말 떨어지기를 기다렸다는 듯 기어코 나는 그 운동화를 들고 다시 백화점으로 갔다. 백화점이 좋긴 좋았다. 바로 환불이 되었다.

나는 환불 받은 돈으로 다른 신발을 샀다. 그 신발도 옆 코너에 있는 세칭 메이커 신발이다. 12만원이다. 그만해도 나한테는 감지덕지다. 이왕 그렇게 된 거 남은 돈으로 8만 원짜리 T셔츠 한 장도 보태 사고, 그래도 6만원이 남아 따로 챙겼다.

내 목적은 어느 정도 달성했기 때문에 싱글벙글하면 들어왔더니 아내가 이른다.

"제발 담부터는 좀 그러지 마시우. 사 주는 대로 안 신는다고 나중엔 그런 것도 못 얻어 신어요."

"알았구먼."


손자 녀석과 한나절을 놀이터에서 보낸 아내가 들어서자마자 앞뒤 없이 꺼내놓은 이야기다.

"애들 보는데 처신을 잘해야 되겠더구만."

"왜 그러는데?"

"아 글쎄, 이 녀석이 버려놓은 카스텔라 싼 종이를 주어 오더니만, 우리 할머닌 이런 거 잘 먹는다면서, 날 보고 먹어보라는 거 아니우. 내가 저한테 사주면서 종이에 붙은 걸 뜯어 먹었더니, 이 녀석이 날 그렇게 대접하잖어."

"효손 하나 됐구랴. 애들은 보는 게 배우는 거 아냐. 앞으로 그런 건 고치라고. 당신이 당신을 대접해야 애들한테도 대접을 받는다니까."


〈둘〉

한 친구의 이야기다.

"요즘 그런 사람을 삼식三食이라 그런다며. 또 간 큰 남자라 그러고. 무슨 소리를 들어도 좋아. 나는 삼시 세끼를 다 찾아 먹는다. 마누라가 멀리 여행이라도 갔다면 모르지만 안 그런 담에야, 그것도 마누라가 챙겨줘야 먹는다. 안 챙겨 주면 안 먹어. 굶겠다, 그 말야. 내가 이런 말을 하니까 누구는 이 사람 간이 배 밖에 나왔구려, 그러더라고. 턱도 없는 소리. 그동안 내가 어떻게 살았는데···. 죽을 고생을 했단 말이야. 남은 생이라도 좀 편하게 살아야지. 그리고 연금도 매월 꼬박꼬박 들어오잖아. 그 연금 누가 넣어놓은 건데··· 난 충분히 그럴 자격이 있는 사람이라고. 그동안 우리 마누라가 고생한 거, 나도 그거 다 알아. 그래도 그건 그거고 이건 이거야. 어떤 사람은 그러다가 황혼열차 타는 수가 있다고, 그만 할 때 재고해보라는데, 그건 아니지. 그건 고려의 대상이 아니야. 혹자는 내가 코리타분한 가부장제를 너무 신봉한다 그러는데, 천만에 그것도 아니라고. 어쨌거나 나는 우리 집에서 어른이야. 어른이라는 말이 좀 듣기가 거북하다면, 대표성을 갖는 사람이다, 그 말이야. 그렇다면 거기에 상응한 대접을 받는 것도 틀린 말은 아니잖아. 그런데 뭐 삼식이니, 뭐니··· 누구는 하루 세 끼 먹지, 네 끼 먹는 사람 있나. 거기에 황혼열차는 왜 나오는데··· 주판알이나 한번 튕겨보고 하는 말인지 모르겠어. 누가 손해라는 건 뻔할 뻔자 아냐. 참, 누워서 침 받는다더니만. 세상이 그런 세상이 아니라지만, 난 사람 사는 세상은 어디가도 다른 데 없다고 보는 사람이다. 난, 난 말이다, 누가 뭐래도, 안 할 말로 천지개벽을 한다손 치더라도 삼시 세 끼는 다 찾아 먹어야한다. 그것도 마누라가 차려주는 밥을 먹겠다, 그 말이야."

독불장군이라고 하지만 글쎄, 친구 가운데는 이런 친구도 아직 있는데, 모르겠다. 그게 시의時宜에 맞는 이야긴지.


〈셋〉

우리 계모임에서 있었던 일이다.

직장에 다닐 때는 모두 안 그랬는데, 그것도 나이 탓인지는 모르지만 성정性情들이 이상하게 달라져 간다. 그 가운데서도 가장 표가 나는 건 남 얘기는 잘 듣지 않고 자기 이야기만 자꾸 꺼내, 무르팍 세우듯 고지식하게 주장을 한다는 것. 또 하나는 대수롭잖은 일에도 걸핏하면 삐친다는 게다. 더 딱한 건, 그런 걸 본인은 전혀 모르더라는 사실이다.

그날 일도 터질 일은 천만에 아닌데 터진 건, 원인을 그런 데서 찾을 수밖에 없다.

계모임이니까 술이야 당연히 한잔씩 걸치게 되는 건 기본이다. 두주불사를 마다않는 친구도 더러 있지만 이젠 모두 나이가 있다 보니 한창 때 반도 못 먹는다. 그나마 지병으로 약을 먹는 사람들이 있기 때문에 들쑥날쑥이다.

"그래도 곗날 아이여, 한 잔씩 들라고."

"참, 남이 볼까 창피하다. 사람 아홉이 소주 다섯 병을 못비우고 쩔쩔 매고 있으니. 그때 그 시절 같으면 자네 사람 몫도 안 될 건데."

"입에 담기도 부끄럽구랴. 그나마 도度수는 얼마나 떨어졌는데. 그때 하고 비교하면 이건 맹탕이지. 안 그래."

"세월한테 이기는 장사 봤어. 좋게 받아들이라고."

모두 자가한테 술잔이 돌아올까 봐 눈치를 보며 내밭는 푸념들이다.

그 판에도 김金은 혼자 옛 가락을 못 버린다. 술 때문에 아예 운전을 포기했다는 친구다.

"총무, 한 병만 더 시켜라. 다른 사람이 안 먹으면 내가 처분할게. 명색이 곗날인데 맨숭맨숭한 얼굴로 어떻게 집에 들어가냐."

김의 주문에 건너 쪽 박朴이 기다렸다는 듯 받는다.

"낭비다. 더 시키지 말어. 내 잔 이거 입에 대지도 않았다. 그리고 여게 그냥 남은 잔이 많잖아. 이것만 해도 두 병은 되겠다."

뭘 생각하는지 조용히 듣고만 있던 김이 그만 발딱 하고 일어난다.

"씨팔, 방금 너 머라 그랬노. 뭐, 입에 대지도 않았으니까 그걸 먹으라고. 이런 제길헐 내가 무슨 퇴주잔이야. 그만 팍 들어 엎을까보다."

친분으로 봐 얼마든지 할 수도 있고, 받아들일 수도 있는 말인데 그렇게 발끈한 것이다. 아마 남다르게 마신 술이 불을 지른 건 아닌지 모르겠다. 그만 허허 거리던 분위기가 영하로 뚝 떨어진다.

끝내는 분을 못 삭이고 김이 밖으로 나갔는데, 문을 탕 닫고 중얼거리던 분노가 발린 넋두리가 걸작이다.

"언제부터 술값을 그렇게 아꼈는데 · · · 용이 개천에 누웠으니까 지나가던 그렁뱅이가 오줌을 싸갈기고 간다더니만 어따 대고 그따위 소릴 씨부리고 앉았어. 내가 그렇게 만만하냐."

그가 사라진 뒤 남아있는 친구들의 대거리 또한 들을 만했다.

"용이라면 임금의 상징 아냐. 그런데 저 친구가 언제부터 저렇게 굵게 나갔지."

"저를 인격적으로 대접 안 해준다 이건데, 뭐 그럴 수도 있겠지."

"하긴 가까울수록 신경을 써야 하는 건데, 내일 내가 따로 한 병 대접하지. 술로 만든 매듭은 술로 풀어야제. 허허허."

박의 이야기가 조금은 안쓰럽게 주인을 못 찾아 허덕인다.

〈넷〉

지하철을 타면 나는 항상 차간의 이음새 쪽에 기다렸다가 탄다. 노약자석이 그쪽에 있다. 자리가 비었으면 앉아 가지만, 찼으면 창 쪽으로 붙어 선채로 흔들리며 목적지까지 간다.

다른 곳에 빈자리가 더러 보이더라도 난 그쪽은 못 본 척 일부러 피한다. 경로석을 따로 만들어 줬는데, 거기 찼다고 딴 데다 눈독을 들이는 게 할 짓이 아닌 것 같아서다. 그리고 요즘 안 든다고 영감 탱이들이 너무 많이 돌아다녀, 젊은 사람들이 욕을 본다는 이야기를 어디선가 들었기 때문이다. 특히 출퇴근 때는 좀 자중해달라는 대한노인회의 당부도 있지 않았던가.

그런데 하루는 나한테 이런 일이 생겼다. 노약자석이 다 찼기에 먼눈을 팔며 서서 가는데 한 사람이 등을 툭툭 치더니만, 노약자석을 가리킨다. 방금까지도 자리가 다 차 있었는데, 그 새 차가 멎은 일도 없었는데, 어떻게 비워졌던지 한 자리가 난 것이다. 좀 이상하 긴 했으나 대수롭잖게 생각하곤 그 자리에 앉았다.

그때 옆자리 사람이 말했다. 내 나이 쯤 돼 보인다.

"어르신이 타면 댕강 일어날 일이지, 전화기만 쳐들고 앉았다고 누가 모를 줄 알어. 얌통모리가 좀 있어야제, 여긴 어디가지나 노약 자석이야. 노약자석이 아니라도 자리를 내놔야 할 판인데····. 그래서 내가 일어나라고 했구만요. 권리를 너무 휘두른 것도 안 되 지만, 주어진 권리를 못 찾아먹는 것도 좀 그렇잖아요."

표정하며, 쇳소리 섞인 목소리가 충분히 그러고도 남을 사람이다. 조금 전 어떤 일이 있었다는 건 충분히 짐작이 간다.

"…."

뭔가 회답으로 한마디 건너기는 해야겠는데 할 말이 생각 안 난다.

"우리 권익도 권익이지만 그것도 교육 아니겠어요. 남은 어떻게 생각하는지 모르지만 나는 그렇게 생각합니다. 그렇게 실천함으로서 나중에 저네들도 그렇게 대접받는다 말입니다. 보험 들어놓은 걸로 보면 되는 거예요."

"…."

임자 말이 맞기는 맞는데 여전히 할 말은 난감하다.

친구 가운데 이런 사람이 하나 있는데 그 친구가 문득 생각난다. 집을 나올 때 아예 지팡이를 하나 들고 나온단다. 지팡이에 의지해서 옆에 서 있으면 어떤 강심장을 가진 사람이라도 안 일어서고 못 배긴다는 지론이다.

자리를 얻어 앉긴 했지만, 편해야 할 자리가 문자 그대로 바늘방석이다.


〈다섯〉

TV 채널을 뒤적거리다가 보면 재미있는 사람들을 더러 만난다. 그날 우리 부부가 만난 사람도 그런 사람이다. 대담프로에 나온 여자인데. 정말 저래도 되는가, 싶을 정도로 자기가 할 말을 속사포로 쏟아 놓는다.

"나는 혼자 먹는 점심 한 끼라도 제대로 상을 봐서 채려놓곤 먹습니다. 어떤 사람들은, 여자들은 대부분 그렇지요, 어차피 설거지도 자기가 할 일인데 해서, 어떤 거는 냄비 채 내다놓고 그냥 먹다가 다시 얹어놓곤 하는데, 나한테는 그게 안 통합니다. 반상기로 수랏상 같이 차려 먹는 건 아니지만, 최소한 동네 식당에서 내놓는 상은 되게 만들어 놓고 먹는다는 말입니다. 물론 그게 나도 얼마나 성가시고 귀찮다는 건 알고 있습니다. 우리가 외식을 왜 합니까, 그런 거 때문에 하는 거 아닌가요. 말하자면 나를 식당에서 손님 대접하듯 대우를 해서 먹는다, 그 말입니다. 내가 나를 대우하지 않는다면 누가 나를 대우하겠습니까. 턱도 없는 이야기지요. 내가 나를 인정해줘야 남도 인정해주게 된다, 그걸 실천으로 옮긴다, 그렇게 보면 될 거예요. 몸에 걸치는 것도 마찬가집니다. 나는 동네 슈퍼마켓에 무 하나를 사러 나갈 때도 화장을 하고, 정장을 입고 나갑니다. 가끔 보면 이불 속에서 방금 나온듯한 허접한 몸가짐에다가 풀린 눈동자로, 슬리퍼를 질질 끌고 나다니는 여자가 있는데, 김동길 선생님 말씀 아니라도, 글쎄, 이게 무슨 꼴볼견입니까. 우리가 왜 그렇게 못한단 말입니까. 얼마든지 할 수 있어요. 어떤 사람들은 집에 있는 살림하는 여자가, 어쩌고 그러는데, 이건 자신을 자기가 망치는 일예요. 자기 무덤을 자기가 판다, 그 말입니다. 차 한 잔을 태워 마셔도 예외는 없습니다. 받침 접시에다 스푼까지 딱 챙겨서는 탁자위에다 올려놓고, 다리를 꼬고 앉아 그렇게 마신다, 이거죠. 얼마나 멋들어집니까. 다른 사람들은 어떻게 받아들이는지 모르지만 나는 그렇지 않아요. 무조건 이유도 없이, 특히 여자들은 자기 낮추는 걸 무슨 미덕이나 겸양으로 아는데, 이건 천만에 아니지요. 그런 시대는 이미 오래전에 지구를 떠났습니다. 한 번 더, 분명히 말씀드리지만, 내가 남한테 대접을 받으려면 먼저 내가 나를 그렇게 만들어야 한다, 그겁니다."

아주 여자가 당당했다. 마디마디에 똑똑 소리가 난다. 내용으로 봐서는 정말 자기가 한 말에 책임을 질 수 있을까, 싶어 뵈는데, 잠시를 못 있고 반들거리는 눈빛은 충분히 그러고도 남을 여자다.

옆에서 같이 보고 있던 아내가 고개를 끄덕인다. 그렇게 사는 게 맞다는 건지, 아니면 방송용 대본으로 받아들이는지 그런 거까지는 알 수가 없지만 ····.

〈여섯〉

"영어에 '나'라는 말 'I'는 항상, 어디서나 대문자로 쓴다. 대통령도 'I'로 쓰고 노예도 'I'라고 쓴다. 영문법에서 문장은 첫머리 글자나 고유명사를 제외하곤 모두 소문자로 쓰게 되어있지만, 오직 하나, 'I'만은 어떤 경우든 대문자로 쓰게 되어 있다. 그것은 '나'라는 자신을 그만큼 믿고 내세우자는 데 있다. 거기에는 그만한 '완성'을 자신한테 심어놓아야 한다는 뜻도 당연히 들어있다고 봐야 한다."

고등학교 때 영어선생님이 'I'를 처음 가르치면서 우리한테 한 말로 나는 기억하고 있다.

동방예의지국에서 자란 탓일까, 우리는 예나 지금이나 자기를 낮추고, 감추는 것을 겸양과 미덕의 으뜸으로 곧잘 삼는다. 그렇다 보니 다른 사람들 앞에서는 항상 '저' 아니면 '제'다. '나'를 내세운다면 오만불손하고 건방지다는 소리를 듣는다. 심지어는 국가원수인 대통령까지도 '저'를 쓴다. 이를 우리는 어떻게 받아들여야 할까.

항상 자기를 낮춰 소인(쇤네)라 불렀고, 내 아내도 같이 낮춰 우처愚妻라고 불렀으며, 자식 또한 도야지에 빗대어 돈아豚兒, 심지어는 온갖 정열을 다 태워 쓴 저서까지도 졸저拙著라고 낮춘다.

언젠가 이웃 일본에서는 장관급 회의를 저네들끼리 '현인회의賢人會議'라 부른 일이 있다. 공자가어孔子家語에 따르면 사람을 인격으로 소인小人, 용인庸人, 사인士人, 군자君子, 현인賢人, 성인聖人으로 구분해 놓았다. 아마 우리나라에서 그런 일이, 하긴 그럴 용기도 없겠지만, 있었다면 어떤 반응을 보일까. 그야말로 정구죽천丁口竹天이 아닐까 생각해 본다.

'나'와 '저'는 같은 사람이다 그러나 내뿜는 이미지는 하늘과 땅이다. '나'에게는 책임과 자존自尊, 그리고 능동能動이 들어있고 '저'에는 위축과 굴종, 그리고 피동被動이 들어있다.

이것은 좋게 말하면 문화의 차이에서 오는 미풍양속으로도 볼 수 있지만, 다른 눈으로 보면 소신과 책임의 부족에서 오는 남한테 의존하고 싶은 약소민족의 근성이 녹아있는 건 아닌지도 모른다.

이참에 우리도 'I'의 의미를 다시 한 번 새겨보자.

'저' 대신에 '나'를, '저희 김 가哥들은' 대신에 '우리 김 씨들은'으로, '저희 대한민국'이 아닌 '우리 대한민국'으로, 이제는 당당하게 고치자. 자신自信은 자기를 믿는 의지의 발로로, 자신을 믿을 때 용기가 생긴다. 자신은 힘의 원천이며 '나'를 가장 확실하게 내세우는 생명력이다.

# 갑돌이와 갑순이

갑돌이와 갑순이는 한 마을에 살았더래요.
둘이는 서로 서로 · · · ·.

친구 가운데 휴대폰 컬러링을 '갑돌이와 갑순이'로 해놓은 이가 있다. 김세레나 노래다. 처음 들었을 때는 그저 그런가보다 생각했었는데 자꾸 들으니까 이상하게 자꾸 신경을 건드린다. 말하자면 나이에 어울리지도 않을뿐더러 시대와의 소통도 먼 것 같고, 속물 냄새도 좀 나는 것 같아서다. 그래서 한번은 대놓고 꼬드겨 보았다.

"친구야. 이제 '갑돌이와 갑순이' 그거 다른 걸로 좀 바꿔보지?"

그러자 옆자리 다른 친구들도 그 말 잘 나왔다는 듯 가세를 했다. 아마 그들도 나와 같은 느낌을 받았던 모양이다.

"왜? '갑돌이'가 어때서."

"그거 너무 오래 써먹는 거 아냐. 요새 좋은 거 많던데 · · · ."

"내가 듣는 건데 나 좋으면 되는 거지, 거기에 무슨 · · · . 이치가 안 그러냐."

"자네 말이 맞긴 한데, 주변에서 다른 사람들도 같이 들을 때가 있잖어. 그것도 하나의 유행인데 그런 것도 한번 생각해봐야지."

"씰 데 없는 소리. 구더기 무서워 장 못 담그겠다, 그런 걱정은 자네들이 안 해도 된다. 심심하거든 염불이나 하라고. 괜히 시비 걸지 말고."

"같은 노래라도 '엘리자를 위하여'라든지 이런 것도 있잖어."

"그만 시끄럽다니까. 난 자네들처럼 그런 고상한 사람은 못 되니까 내 방식대로 산다 이거여. 페이지 넘기라고."

아예 손톱도 들어가질 않았다. 좋은 소리도 한두 번 말이지, 자리 봐가면서 똥 싼다고 두어 번 더 그렇게 운을 떼보다가는 이내 포기를 하곤 말았다.

친구는 그 뒤로도 계속 '갑돌이와 갑순이'하고 살았다. 내가 알기로 휴대폰을 마련한 게 십사오 년은 되는 것 같은데, 계속 그것 하나로만 일편단심이다.

일찌감치 포기를 해서 그런지, 어느 틈에 귀에 익어 그런지 요즘은 그것도 그냥 들을 만 했다. 그러나 여럿이 얼려있을 때는 아무래도 이상했고, 울릴 때마다 내가 할 걱정은 아닌데도 한번 씩 주변을 돌아보게 만든다. 제 말마따나 자기가 좋아서 하는 일인데 뭐 대단한 일 한다고 도시락 싸가지고 다니면서 말릴 수는 없는 노룻 아닌가.

그 뒤, 그 일은 다 잊어버리고 지내던 어느 날이다. 무슨 일로 그 친구와 단 둘만이 갖는 저녁자리가 생겼다.

반주로 소주잔을 기울이고 있는데 '갑돌이와 갑순이'가 또 나왔다. 누군가가 친구를 찾는 모양이다.

전화를 받고나서 친구가 내게 톤을 바꾸어 말했다. '갑돌이와 갑순이'가 모처럼 새삼스럽게 다가온 듯 그쪽으로 이야기를 몰았다.

"오늘 분위기가 딱 됐네. 내가 '갑돌이와 갑순이'를 못 버리는 이유를 얘기할게. 내가 청룡으로 월남에 갔다 온 건 자네도 잘···."

시부저기 말문을 연 그의 이야긴 즉 이러했다.

월남에 가 있을 때 위문공연차 김 세레나가 자기네 부대를 찾아왔다. 그때 그녀는 '갑돌이와 갑순이'를 불렀는데 생후 처음 그 노래를 들었다고 했다. 그 노래가 그렇게 가슴을 울리더라는 것이다. 외로움을 달래주는 건 물론 그 노래를 듣는 동안만은 이상향을 찾은 듯한 착각에 빠져들었다는 이야기다. 가사에 담김 내용도 달콤하고, 신명도 나고, 배우기도 쉽고 해서 그날 저녁에 바로 익혔다고 했다.

그리고 그네들이 가지고 위문품 속에 든 잡지책이 들어있었는데, 그 속에서 펜팔을 원하는 한 여자를 발견, 편지를 냈었는데 바로 답장이 왔더라는 것이다. 춘천에 사는 여자인데 양재사라고 했다. 펜팔로 지내는 동안 어떻게 갔는지 모르게 월남 파견생활을 즐겁게 무사하게 마쳤다는 것이다. 전장에 여자가 입었던 팬티를 입고 나가면 무탈하게 지낼 수가 있다는 말이 있었는데, 어떻게 알았던지 그 여자가 알고는 보내주어 입었다는 이야기도 들어있었다.

이야기를 중간에서 끊고 한번 물어 보았다.

"그 여자가 지금 부인 아냐?"

"그런 건 아니고······."

"그럼 그 여자는 어떻게 된 건데?"

"나도 모르겠어. 귀국하고 나서도 편지는 계속 주고받았는데, 그러다가 끝난 거지 뭐."

"한 번 만나지도 못하고."

"응, 요새는 별 거 아닌데 그때는 강원도가 왜 그렇게 멀었던지 몰라. 어디 가서 잘 살고 있겠지."

"생명의 은인인데, 끝이 너무 싱겁다."

"몰라, 그 영향이 있었는지 어떤지. 하여튼 그런 일도 있고 해서, 그래서 그 노래 '갑돌이와 갑순이'를······."

그의 이야기를 듣고 나니 절로 고개가 끄덕여진다. 그런 애틋한 사연을 담고 있을 줄이야, 우리의 참견이 얼마나 주제넘은 짓이었던가를 일깨워 준다. 속에 술이 한잔 들어가 그런지, 그의 이야기를 다 듣고 나자 박인환의 〈세월이 가면〉이란 시가 백 뮤직으로 깔리는 기분이다.

지금 그 사람 이름은 잊었지만
그 눈동자 입술은

내 가슴에 남아있네.

바람이 불고
비가 올 때도
나는
저 유리창 밖 가로등
그늘의 밤을 잊지 못하지.

사랑은 가도 옛날은 남는 것
여름날의 호숫가 가을의 공원
그 벤치 위에
나뭇잎은 떨어지고
나뭇잎은 흙이 되고
나뭇잎에 덮여져
우리들 사랑이
사라진다 해도

지금 그 사람 이름은 잊었지만
그 눈동자 이름은
내 가슴에 있네.
내 서늘한 가슴에 있네.

추억은행에 맡겨 놓은 잔고를 다 뒤적거려 털어봐야 먼지밖에 안 나오는 나 같은 사람한테도, 남의 시 한편으로 혼자 기시감既視感에 빠져 허우적거릴 때가 있는데, 거기에 비하면 친구의 '갑돌이와 갑순이'는 천금으로도 못 이룰 자산이고 보물이다.

"···짭짤하고도 달콤하며 아름답고도 안타까우며 기쁘고도 서러우며 제 몸속에 있는 것이로되 정체를 잡을 수 없고 그러면서도 혹 우리가 낙망하거나, 실패하거나 해서 몸과 마음이 고달플 때면, 그야말로 바닷물같이 오장육부 속으로 저려 들어와 지나간 기억을 분홍의 빛깔로 물칠해 버리고, 소년시절을 보냈던 시골집 소나무 우거진 뒷동산이며, 한 글방에서 공부하고, 겨울이면 같이 닭서리를 해다 먹던 수남이, 복동이, 이들이 그리워서 앉지도 서지도 못하도록 우리의 몸을 달게 만드는 이상한 감정···."

유진오는 단편 〈창랑정기〉에서 고향이란 추억을 이렇게 설명해 놓았다.

이런 감정은 유진오한테만 있는 것이 아니라 그 나이, 인생의 황혼 길인 일흔 나이쯤 되면 누구한테나 그렇게 다가오게 돼 있는 보편적 감정이다. 기쁘면 기쁜 대로, 슬프면 슬픈 대로 그렇게 가슴 구석에 저장되어 있다가 오로라로 피어올라 사람을 달뜨게 만든다.

그날 이후부터 친구의 '갑돌이와 갑순이'는 들을 때마다, 주책없이 내 가슴이 괜히 울렁거린다.

이왕 이용하는 거 남의 말을 하나 더 인용해본다. 'M. V. 마르티알리스'가 한 말 가운데 이런 이야기가 보인다.

"지나가버린 생활을 즐기는 것은 인생을 두 번 사는 것이다."

# 일흔에 생남生男이라더니

요즘 나는 틈만 나면 하모니카로 그 시간을 메운다. 잘 하는 건 아니라도 불어보니까 한 번씩 불만 했다. 보는 사람들도 긍정적으로 인식하는 것 같아 그것도 일조를 한 셈이다.

그전 우리가 어릴 때 같으면, 일흔 나이가 넘어 하모니카 따위를 들고 다닌다는 건, 그 사실만으로도 풍각쟁이들이나 하는 짓거리라며, 청승스럽다거나 천박스럽게 보는 이들이 많았을 텐데, 그런 눈들은 일체 없다. 그만해도 세상은 많이 변했다고 본다.

내가 하모니카를 불게 된 까닭은 이렇다.

5, 6년 전이다. 하루는 TV를 보는데, 내 또래 사람이 장기자랑 한다면서 나와 하모니카를 불고 있었다. 그런데 영 듣기가 거북했다. 저 정도면 나도 따라하지 않겠는가 싶은 생각이 불쑥 든 것이다. 중학교 다닐 때 좀 불어봤기 때문이다. 하는 일도 없던 차에 갑자기

그쪽으로 호기심이 발동, 하모니카를 하나 사기에 이른 것이다.

중학교 3학년 때다. 나한테 하모니카가 하나 굴러들었다. 친척 형이 내가 매달리는 걸 알고는 준 것이다. 이름만 거창하게 일제 '야마하'지 고물도 그런 고물이 없는 물건이다. 음 이탈이 많아 요즘 같으면 내버려도 누구하나 거들떠보지도 않을 물건이지만 그래도 그때는 그게 한 몫을 했던 것이다.

저녁이면 마을 앞 방죽에 나가 신나게 열심히 불었다. 가르쳐주는 사람이 있는 것도 아니고 혼자, 일테면 독학이다. 가장 먼저 불렀던 게 '해는 져서 어두운데 찾아오는 사람 없어 · · ·'로 시작되는 곡이다. 그 고물딱지를 보물처럼 감춰두고는 틈만 생기면 들고 앉았던 것이다.

그 무렵 유행하던 노래는 '방랑시인 김삿갓', '오동동타령', '하룻밤 풋사랑' 같은 것들이다. 열심히 불어 그런지 어느 틈에 그런 유행가 가락까지 근사방사하게 어우러져 나왔다. 옆에서 친구들이 곧잘 따라 불렀으니까 말이다. 어떤 날은 입술이 터져서 하모니카에 피가 묻기도 했다. 한 일 년 가까이 그렇게 불지 않았는가 생각된다.

그 뒤로는 하모니카를 잊고 살았다. 50여 년을 놓았던 것이다. 그러다가 그날 무슨 바람이 들었던지 그렇게 하모니카를 하나 구입한 것이다. 아마 먹고 할 일이 없으니까 그런, 여생의 공백과 지난날의 향수가 모처럼 의기투합을 했으리라 본다.

그런데 새로 하모니카를 들고 앉아보니 그게 아니었다. 장기자랑에 나온 그 사람 실력에는 어림 반 푼어치도 못 미쳤다. 마음은 뻔한데 내가 원하는 소리가 안 나온다. 한 일주일쯤 시난고난 매달리자 흉내는 냈는데 그게 지난날 실력의 전부였던지, 아니면 어느 틈에 구멍창이 돼 그런 건 아닌지 모르겠다. 장기자랑을 대수롭잖게 본건 결국 약간의 오기와 자만이 만든 허욕이었다.

이왕지사 이렇게 된 것 새로 시작하는 기분으로 대들었다. 그렇다고 새삼스레 학원을 찾아간다는 것도 그렇고 해서, 궁하면 통한다는 것만 믿고 틈만 나면 들고 앉아 불었다. 호사다마라고 했던가, 여기에는 예측 못했던 걸림돌도 하나 끼어들었는데, 아내가 하모니카 소리를 엄청 싫어한 것이다. 영감탱이가 가로 늦게 하모니카를 들고 다니니까 꼴불견이라 그래 싫어한 건지는 모르지만, 어디서 주어 들었는지 아파트 7층에 사는 데에도 뱀 나온다고 짜증을 내는 것이다. 그러다보니 아내가 집을 비운 날만 골라 불게 되었으니 세상에 쉬운 건 어디에도 없나보다.

어쨌거나 그동안 하모니카를 다섯 개나 샀다. 승용차 안에도 하나 있고 동우회에도 하나 감춰두었다. 남한테 피해를 안주고 불자니 그렇게 할 수밖에. 그렇다보니 심지어는 도 닦는 기분이 들 때도 있다.

모든 건 시간이 해결해 주었다. 5, 6년간 그렇게 매달렸더니 이젠 웬만한, 내가 아는 노래는 거의 다 얼버무려 분다. 다만 전문적으로 배운 것이 아니라서 악보를 못 보는 게 흠이긴 하지만, 악보 들고 다니면서 하모니카 부는 사람은 잘 없으니까 그냥저냥 내 깜냥으로

선 만족하고 있다. 들어본 사람들 가운데는 잘 분다는 이 있고, 어디 가더라도 빠지지는 않겠다는 추임새도 나온다. 당사자 앞이라서 그런지 맹탕이라는 이는 아직 없다.

저물녘에 혼자 금호강 다리 밑 둔치에 앉아 하모니카를 부노라면, 들어주는 이웃 하나 없어도, 가끔은 하모니카가 나를 그때 그 시절로 데려다놓아, 혼자 한번 씩 남다른 황홀경에 빠져 허우적거릴 때도 있다.

그날은 우리 마을에 도금봉 주연의 영화 '황진이'가 들어왔다. 극장이 없는 곳이라 영화는 학교 운동장이나 동네 앞, 내가 하모니카를 불었던 백천白川 백사장에 울타리를 만들어놓고 그 안에서 상영했다.

그런 날은 점심나절부터 확성기를 단 짚차가 인근마을을 돌아다니며 열심히 선전을 한다. '황진이'가 들어온 날도 예외가 될 수 없다.

"도금봉 주연의 영화 '황진이'가 들어왔습니다. 특히 오늘 영화에는 청운의 꿈을 안고 서울에 올라가 마침내 배우가 된 남산 댁 둘째 아들 문창우가 나온답니다. 방화계의 최고 미녀 도금봉과 함께 출연하는 문창우, 오늘 백천에 오시면 우리 동네가 길러낸 문창우를 만나게 될 겁니다. 저녁순가락을 놓으시거든 얼른 오셔서 먼저 좋은 자리를 잡으십시오. 영화 '황진이'는 · · · ."

그 무렵 가장 인상 깊게 나한테 남아있는 한 장면이다.

그런데 그렇게 동네방네를 떠나가도록 흔들어 선전을 한 영화에 누구 하나 문창우를 봤다는 사람이 없었다. 영화가 떠나가고 사나흘이 더 지난 뒤에야 소문으로 문창우 이야기가 흘러 다녔다.

"와, 거기 황진이 때문에 상사병이 들어 죽은 머슴애가 하나 있었잖아. 그 친구 상여가 황진이 집 앞을 지나가다가 귀신이 붙어 거기서 있었제. 거기 상두꾼 가운데 두 째 줄에서 세 번째 사람, 머리에 허연 수건을 두른 사람 그 사람이 문창우라는구먼."

"거기 수건 안 두른 상두꾼들이 어데 있더노."

"그러이까 우리로선 알 수가 없제."

"거기 상두꾼들도 배우라고 카능강. 도금봉이 하고 같이 나온다고 떠벌리더이만, 허허허허."

그날 이후로 우리 동네에서는 요란한 소문과는 동떨어진 일이 일어날 때마다 '문창우 황진이 나오듯 했구먼'이라는 이야기가 속담으로 돌아다녔다.

어느 틈에, 아니 그럭저럭 새로 하모니카에 정을 붙여 친구가 된 지도 6년이 넘는다. 다른 걸 하나 붙들고 그 시간을 밑천으로 넣었더라면, 뭐든 하나는 이루었을 텐데 싶은 생각이 들 때도 있으나, 그러나 그건 기회비용으로 한번 그려만 본 거지 하모니카까지 놓쳤더라면 그냥 공으로 내버렸을 시간이 아닌가.

오래 전 영화 '서부전선 이상 없다'에서 본 하모니카 부는 장면도 내 가슴에는 애틋하게 남아있다. 고요한 전장에서 울려 퍼지는 난 데 없는 하모니카 소리에 병사들은 그들이 전쟁 중이라는 걸 순간적으로 까맣게 잊고 멜로디에 빠져든다. 참호 위로 나비 한 마리가 날아들고, 모처럼 하모니카가 만들어 놓은 평화 속으로 저격범의 총성이 터진다. 총격의 효과를 노린, 만들어진 장면이긴 하지만 하모니카의 힘을 보는 듯 해, 나한테는 아련하게 남아있는 그림이다.

요즘 연배들 끼리 모이면 하는 이야기 가운데 이런 말이 곧잘 등장한다.

"지내놓고 보니 운동 하나 하고 악기 하나는 배워 둬야하는 건데 나한테 그런 게 하나 없단 말이야."

그런 말을 듣노라면 하찮은 것이지만 하모니카라도 하나 붙들고 흉내를 낸다는 게, 모처럼 잘했다만 싶을 때도 없는 건 아니다. 혹 '일흔 생남'이란 게 이런 건 아닌지 모르겠다.

그런데 이상한 건 아무리 불러보고, 또 녹음을 해 들어봐도 옛날 나한테 하모니카를 준 그 친척 형이 부는 하모니카 소리는 나오지 않는다. 그 형은 하모니카를 참 잘 불었다. 멋도 들어있었다. 50여 년도 더 전 일이라, 그동안 시공의 변화가 그렇게 만든 건지는 모르지만 내 귀에는 아직 그 이상 하모니카 소리는 못 들어봤다.

그 가운데서도 '진주라 천리 길'은 일품이었다. 손바닥으로 공기 주머니를 만들어 열었다, 닫았다로 베스를 넣어 '달빛어린 촉석루 나무기둥을 얼싸안고'로 돌아가는 가락은 들을 때마다 그때 그 나이에도 가슴이 허물어지는 기분이었다. 아마 오줌을 잘금잘금 싼다는 게 그럴 때 쓰는 말 아닌가 싶을 때가 있다.

지금 나로서는, 내 실력으로는 아무리 발광을 해봐도 그 가락이 안 나온다. 아니 부근에나 제대로 갔는지 모르겠다.

이왕 불기 시작한 거, 나한테도 남이 들어 그런 불후의 명곡(?)이 하나쯤 있었으면 좋으련만, 아무래도 나한테는 어렵지 싶다. 악보도 모르고 순전히 기분 하나로만 허우적거리는 나한테 기대하는 것 자체가 걸러먹은 짓이지만, 그러나 그렇더라도 기다려보는 것까지 포기할 수는 없는 노릇 아닌가.

# 돌멩이 하나에도

　책상위에는 어린애 조막만한 돌멩이 하나가 있다. 까만색의, 바다물결에 반들반들 닳은 숫돌이다. 세숫비누 크기만하게 동그마니 생겼다. 우리가 어렸을 때 개울가에서 수제비치기 하자면 그런 걸 고를, 그런 돌이다.

　공동목욕탕이 없던 시절, 집에서 물을 데워 손등에 눌러 붙은 묵은 때를 벗겨 낼 때, 그런 돌은 안성맞춤이다.

　그 돌멩이가 거기 책상위에 돌아다닌 지도 20여년이 넘는다. 계원들과 같이 보길도에 놀러갔다가 우연히 만나 주어온 것이다.

　어디쯤인지는 모르지만 한쪽 바닷가에 그런 돌들이 지천으로 깔려있었다. 보기가 너무 좋고 귀여웠다. 견물생심見物生心의 본능이 발동, 하나 주어 주머니에 넣게 된 것이다. 아마 그곳에 들린 기념 이란 생각도 작용했으리라 본다.

그 돌멩이는 그날 뒤로 숱한 세월을, 그동안 세 번이나 이사를 했는데도 도망가지 않고 따라다녔다. 그렇다고 열심히 찾아 챙긴 건 아니다.

요즘은 안 보이고 하면 한 번씩 찾는다. 그러니까 그 돌멩이가 지금까지 내 책상위에 얹혀있는 건 어찌 보면 운명적이라고도 볼 수 있다. 하찮은 돌멩이 하나에 운명적이란 말을 붙이기는 뭣하지만 사실은 사실이다.

한번은 그 돌멩이를 잃어버릴 번 한 적이 있었다. 같이 오래 있다 가보니 나름대로는 주인을 삶을 닮아 이런저런 시련을 맞았다고나 할까. 그 돌멩이의 유일한 용도가 문진文鎭인데 쓸 일이 생겨 찾았더니 그게 보이질 않았다. 있다면 책상모퉁이 필통 옆에 있어야한다. 그런데 없다. 주변을 찾아보아도 없고, 식구들한테 물어봐도 모른다고 고개를 젓는다.

그런데 한 두세 달은 더 지나서 그 돌이 나타났다. 아내가 갖다놓았다.

"그러큼 찾아도 업더이만 그 동안 이게 어디 있더노?"

아닌 게 아니라 반가웠다. 그때는 이미 까맣게 잊고 있었던 터라, 나도 모를 탄성이 터졌다.

"농짝 밑에 들어가 있더라이까."

아내의 어정쩡한 대답이다.

"또 희한한 일도 다 본다. 발이 있는 것도 아인데···."

"나도 모르겠구만. 그게 와 거기 들어가 있었던지."

그 이야기는 거기서 끝나고 말았다. 그런데 나중에 알고 보니 손자 녀석의 소행이었다. 탁구공이 그 밑에 들어가 그놈을 쳐낸다고 돌을 밀어 넣었는데 공만 나오고 돌멩이는 그대로 그 밑에 박혀 있었다는 것이다. 그런데 오늘 다른 물건을 찾는다고 그 속을 더듬다가 우연히 그 돌을 만난 것이다. 하긴 일부러 안 버렸다면야 집 안에 있지 뗀 데 갈 턱은 없다.

그러다가 또 돌이 안 보였다. 이번엔 아내가 쉽게 자수를 했다. 베란다에 아내가 키우는 여러 개의 화분에 있는데, 거기 숫기와 화분에 흙이 흘러내리지 않도록 막는데 쓴다며 놓았다.

"이게 왜 여기 와 있노? 나는 한참 찾았구만,"

"여기 있으나 거기 있으나 마찬가지 아이라요."

아내의 이야기다. 자기한테는 야생화 화분만 소중했지 돌멩이는 별관심이 없다.

"주연과 조연은 분명히 다르제."

더 얘기해봐야 먹혀들어가지 않을 것 같고 해서 일절로 끝내고는 말았다. 그리고는 다른 돌을 구해 바꿔 다시 내 책상위에 갖다 놓았다.

어쩌다가 무심코, 그 돌멩이와 마주하고 앉아있노라면 그날, 보길도에서 있었던 일들이 한 번씩 떠오른다.

프랑스 시인 장콕토한테 "내 귀는 바닷가 소라껍데기, 물결치는 소리가 그립습니다"라는 소라껍데기를 노래한 짧은 시가 있는데, 그런 시도 그러다가 얻은 건 아닌지 모르겠다. 하지만 나 같은 사람한테 그 돌에서 파도소리를 들을 수 있는 감성을 요구한다는 건 아무래도 무리이긴 하지만.

그때 우리가 보길도에 간 목적은 고산 윤선도 때문에, 고산이 기거했다는 세연각洗然閣을 보기 위해서다. 그곳에서 세상을 내려다보니 대자연이 세수를 막 끝내고 앉은 듯 자연경관이 곱더라고 해서 누각 이름을 그렇게 달았다는데, 세상이 달라졌는지 내 눈에 속기俗氣 때문인지 그렇게 안보는 내 마음이 안쓰럽던 일도 생각난다.

그가 벗으로 해서 같이 지냈다는 오우가伍友歌의 수석송죽水石松竹과 달도 떠오르고 어부사시사의 배 젓는 소리라는 '지국총 지국총 어사와'도 생각난다.

어느 간 모퉁이인가 우암尤菴 송시열의 시비詩碑앞에서도 잠깐 발길을 멈추었던 일도 기억에 새롭다. 그쪽 해설에 따르면 무슨 내용인지 모르지만 말 한마디 잘못으로 여든 나이에 세 번이나 귀양살이를 하게 된 자신의 비운을 바람한테 하소하는 내용이라고 한다. 그렇다면 우암도 거기 와서 좀 있었다는 것인데, 나한테는 그때 처음 들은 얘기다. 바위에 음각된 오언율시伍言律詩의 기막힘이 가슴을 치기에 베껴 오긴 했는데, 그 뒤 어떻게 되었는지 모르겠다.

그쪽 특산물이 전복이라 그곳에 가면 모처럼 싸게 먹을 수 있다고 해서 잔뜩 기대를 했지만, 막 태풍이 지나간 끝이라 오히려 비싸게 먹고 온 것도 또렷하게 기억에 남아있다.

또 하나가 더 있다.

"그건 왜 주어왔어요. 돌을 못 가져가게 팻말을 세워놓았던데. 들켜 봐요, 괜한 짓으로 욕보는구먼."

섬을 나오면서 배 위에서 내가 무심코 만지고 있는 돌을 보고 아내가 찌푸리며 한 말이다.

"아, 그런 게 있었구나. 난 못 봤는데."

솔직히 나는 그런 팻말을 보지 못했다. 아마 그때 보았더라면 그런 일은 하지 않았을 것이다. 그러나 그것보다도 더 중요한 건 아내가 내게 모처럼 말을 걸었다는 사실이다.

2박 3일의 남도 여행을 떠나기 전 우리 부부는 냉전 상태에 있었다. 뭐가 원인이었던지 모르지만 삐끗한 일로 그때까지 일주일 이상을 말을 않고 지냈었다. 여행을 떠나던 당일 아침까지도 우리만 빠지게 될 뻔 했는데, 계금契金 집행에 개인별 불이익은 감수해야한다는 한다는 규약 때문에, 마지못한 참여를 하였던 것이다. 그렇다 보니 마지막인 그날까지 우리는 여행 중에도 말 한 마디 없었는데, 그날 그 돌멩이가 중매를 서주었다. 그런 생각들까지 보태면 그 돌멩이는 고지식한 한 중년 가정의 불협화음에도 천금 같은 역할을 해준 셈이다.

책상 위에 뒹굴고 있는 돌멩이 하나. 누가 보더라도 하찮은 물건이고, 남의 시선을 붙들기엔 더군다나 형편이 아니다.

그날 내가 주워오지 않았더라면 지금도 바닷가에서 갈매기와 파도소리를 벗해서 지내고 있을 것이다. 어찌 보면 동료들과 같이 그렇게 고향 땅을 지키고 있는 게 돌한테는 더 행복할 수도 있을 것이다.

자세히 들여다보니 한쪽 모서리로 월운月暈 같은 보일 듯 말 듯한 희미한 타원형 선이 보인다. 그것뿐 다른 문양은 아무 것도 없다. 물론 수석과는 아예 같은 반열에 앉힐 수도 없는 돌이다. 언젠가 달력 걸 못을 박는데 장도리 대신 쓴 탓으로 흠집이 선명하게 붙어 있는데 볼 때마다 그게 조금 안타깝다. 돌한테 문양을 찾는다면 그게 모두다.

한참 보고 있으면, 저게 왜 저기 와서 있지 싶은 게, '인연' 같은 단어도 한 번씩 스친다. 하긴 뭐 인연이란 게 별 것이겠는가, 갖다 붙이면 되는 거지만.

이상하게도 요즘은 그 돌을 보는 것만으로도 묘한 감흥에 싸잡힐 때가 있다. 즐거움에 갖다 붙이면 즐거움이 되고 사색에 갖다 붙이면 사색 또한 무관하지 않다. 그런 걸 보면, 그 사이 어느 틈에 정이 든 건 아닌지 모르겠다. 손때 묻었다는 게 그런 거 아니겠는가.

친구親舊라는 명사도 말이 그렇게 굳어서 그렇지 꼭 사람만 대상으로 하는 건 아니라고 본다. 말 풀이 그대로 오랫동안 친해온 대상이면 물건이든, 동물이든 모두 친구가 된다.

사실 말이 났으니 얘기지만 가깝게 정을 쏟아 지내던 사람들도 티격태격할 일이 얼마나 많은가. 돌한테는 그런 것이 없어 좋다. 자신의 감정을 나타내지 않으니까, 그쪽 심사까지 내 마음대로 조장하니 그런 건 아닌지 모르겠다.

세상의 어느 것 치고 필요에 의하지 아니하고 존재하는 것이 있을까. 모두가 무관한 것 같지만 찾아보면 모두가 유관有關으로 일맥

상통하게 되어있다. 무용지용無用之用의 인문학이 바로 그런 것 아니겠는가.

책상위에 돌맹이 하나 오늘따라 댕그라니 무척 외로워 보인다. 기회가 되면 비슷한 걸 하나 더 주어 짝을 찾아주고 싶다.

# 너희들은 나의 꿈

우리 집 거실 문갑위에는 손바닥만 한 액자가 하나 놓여있다. 예닐곱 살 전후의 고만고만한 사내아이 셋이 어깨동무를 짜고 박은 사진이 그 속에 들어있다.

카메라로 박은 사진인데다가, 새로 확대해서 뺀 거라 좀 희미하긴 해도 헤헤 웃으며 엉켜 붙어있는 모습이 퍽 앙증맞고 살갑다. 언제 찍어둔 것인지 나한테는 기억에도 없는 사진이다. 우리한테는 사내 아이 셋만 있었는데 그네들의 어렸을 때 사진이다. 한창 개구쟁이 때를 담아놓았던 사진이라, 어린애들 사진이 다 그렇듯, 누가 보더라도 절로 웃음이 물린다.

그런 사진이 있을 자리로는 아무래도 어색하다. 크게 찾아오는 사람들도 없지만 처음 보는 사람들은 한 번씩 묻는다.

"쟤들은 이집 손잔가? 어째 셋이 똑 같네."

하긴 이 나이에 꼬마들이 거기 나와 있으니 그렇게 묻는 것도 무리는 아니다.

"아냐, 우리 집 애들이구만."

그때마다 약간 설명이 필요한 그런 사진이다.

두 살 터울이지만 어렸을 때 찍어둔 거라 고만고만해서, 아버지인 내가 보더라도 어느 녀석이 큰애인지, 이제는 돋보기를 꺼내 한참을 들여다봐야만 분간이 간다.

앨범 속에 들어있던 사진이 어느 날 밖에서 들어왔더니 거기 올라와 있었다.

"쟤들 사진이 왜 저기 나와 있지?"

이건 또 무슨 변덕인가 해 아내한테 물어보았다. 세상 어느 집에도 그런 식으로 다 큰 아이들의 어릴 때 박은 사진을 내놓은 집은 못 보았기 때문이다.

"왜 나오긴. 그냥 내가 볼라고 뒀지."

"취미 한번 고상하네. 안하던 짓을 하고는."

"나 좋으면 됐지, 그런 간섭일랑 말아요."

"이왕 내놓을 바에야 좀 커서 찍은 걸 내놓던지. 내 눈에도 누가 누군지도 잘 모르겠는데."

"신경 쓰지 말라니까 그러네."

" . . . . "

그런 쪽은 아내의 영역이라 우리 이야기는 더 진전을 못 보고 그날은 거기서 끝났다.

한 사나흘 뒤에서야 아내는 그 까닭을 설명했다.

아이들이 모두 성가成家를 해서 집을 나가고 나니, 자식도 품안 자식들 말이지, 거기다가 모두 사내 녀석들이라 집에 자주 들리는 건 고사하고 전화조차 뜸해지는 것 같다면서, 그 서운한 공백을 저렇게나마 만들어, 사진을 보면서 메우겠는 것이다.

군이 어릴 때 사진을 택한 건, 저 나이 때가 엄마를 가장 많이 찾았고 따랐으며 또 저네 형제들끼리 서로 감싸고, 위하고, 아껴주었기 때문이란다. 모두 집을 떠났지만 그 사진을 대하고 있으면 옆에 있는 듯 그렇게 마음이 푸근할 수가 없다는 것이다. 보아하니, 아마 아내는 지금도 그 녀석들이 어릴 적, 일테면 잠시라도 자기 품안을 벗어나서는 못 배겨 엄마, 엄마, 하고 찾는 그런 때를 그리고 있는 것 같았다.

그러면서 이런 말을 꺼낸다.

"내가 얘기 하나 할까?"

"무슨 얘긴데‥‥."

"우리 상은이 유치원에 다닐 때다. 같이 백화점에 갔거든. 사고 싶은 건 많지, 수중에 돈은 없지, 이거저것 재고 있으니까 걔가 뭐라는 줄 알아요. 나중에 돈 많이 벌어 나한테 백화점 하나 사주겠다는 거야."

"‥‥."

"그만 세상을 다 얻은 거 같더라고."

아내의 쓸쓸한 웃음 끝에 한 모자의 자효慈孝가 반달로 매달린다.

아닌 게 아니라 동화 같은, 그야말로 꿈같은 이야기다.

이제 다 끝난 일들인데도 어렸을 때 찍은 사진을 보고 있으면 그렇게 마음이 푸근하고 행복하단다. 말투로 봐 아내는 아직도 백화점 약속을 기다리고 있는 듯 들린다. 아마 그 녀석들이 나중에 대통령이 되겠다고 했더라면 아내는 대통령의 어머니로, 청와대 들어갈 날을 기다리고 있기라도 하겠다는 듯. 어쨌거나 그런 얘기를 하는 아내의 모습이 내 눈에는 그렇게 비치는 것 같았다.

"당신 참 재미있는 사람이다."

내가 한마디 안 거들 수가 없다. 세상에 어느 부모가 자식에 대한 꿈을 쉽게 버릴까. 다 가지고 있다. 자기가 못 이룬 꿈을 간접적으로 이뤄보려는 보상심리의 작용도 없지는 않을 것이다.

아내는 똑 같은 사진을 세장 더 빼내 따로 보관하고 있다면서 때가 오면 그 사진을 하나씩 나눠주겠다고 벼른다.

잘 살고 못 사는 건 팔자소관이겠지만, 그 사진이 형제간 우애를 지키는데 일조一助가 되어준다면 더 바랄 게 없다면서. 살다가 보면 서로가 어려울 때가 있을 터인데, 그럴 때 저 사진을 한 번씩 보게 되면 서로 챙겨주고 도와주며 남다른 생각을 가질 게 아니냐며, 혈육으로서의 두터운 정감을 일깨워주고 싶다는 것이다.

"저 사진을 걔들이 제대로 지니고 있겠어?"

내가 물어본다. 새로 들어온 사람(며느리)한테 그런 일이 어떤 모습으로 비칠지, 세상살이는 어디까지나 현실인지라 적이 염려스러워서다.

"나중에 버리든 말든 그건 저네들 사정이고, 나는 이 어미 마음이 그렇다는 것만 전하믄 되니까."

아내의 바람은 단순하다. "얘들아, 그러면 못쓴다. 엄마가 화낸다, 어서 이리 오너라." 이런 말이 지금까지도 효력이 발동하는 것으로 착각하는 건 아닌지 모르겠다.

가족사진을 찍어 하나씩 거실 벽에 걸어두고 살아가는 사람들이 모두 그런 핏줄로 맺어진 친화력, 연대감을 염두에 두고 그렇게 했으리라 보는데 아마 아내도 거기에서 뭔가를 찾았던 모양이다.

아이들 사진을 같이 보면서 이런저런 상념에 묻히자 어렸을 때 읽은 강소천姜小泉의 동화 〈구슬〉이 생각난다.

형제가 있었다. 어느 날 아버지가 어린이날 선물로 구슬을 사와서 하나씩 나누어준다. 그날부터 형제는 서로 내 것이 좋으니, 네 것이 좋으니로 시샘을 하기 시작한다. 그러던 어느 날 동생이 그만 구슬을 개울에다 던져버린다. 이에 놀란 형이 둥그런 눈을 하고 묻는다.

"야, 그걸 왜 버려. 그럴 바에야 날 주질 않고."

"구슬이 없을 때는 세상에서 형이 젤 좋았는데, 구슬을 가진 뒤부터 그만 형이 없어졌으면 구슬 두 개를 다 내가 가질 수 있을 텐데 싶은, 엉뚱한 생각이 자꾸 든단 말이야. 그래서 버린 거야."

동생의 이야기를 들은 형은 한참동안 골몰에 잠긴 듯 하다가 무슨 생각을 했던지 자기도 그만 구슬을 던져버리더라는 내용이다.

정석定石 동화로, 요즘 아이들한테는 별 흥미도, 감동도 못주는 이야기가 될지도 모르지만 문득 그 생각이 떠오른 걸 보면, 아내의 처신이 나름대로 나를 공감의 웅덩이로 밀어 넣은 건 아닌지 모르겠다.

꿈은 꿈으로 있을 때 소중하고, 그 소중함으로 해서 가슴을 부풀게 만든다. 비록 그것이 현실로 나타나더라도 꿈으로 있을 때만큼 아름답지 못한 것이 꿈이다. 그건 꿈의 생명인 설렘이 없기 때문이다. 아내는 그 설렘에 지금도 허우적거리는 건 아닌지 모르리라.

에라스무스가 쓴 〈우신예찬愚神禮讚〉도 그런 것이 아닌가 생각해 본다. 우리가 하는 일이 아둔하고 쓸 데 없는 짓인 줄 뻔히 알면서도, 그 어리석음이 우리의 삶을 즐겁고 윤택하게 만든다면, 굳이 마다할 것이 아니라는 일종의 자아도취에 대한 예찬 말이다.

어디에서 봤는지 모르지만 요즘 환상방황幻想彷徨이란 말이 돌아다니던데 그것도 모두 그런 데서 나온 아류亞流가 아닐까 생각해본다.

아마 아이들 사진이 거기 있는 동안, 그리고 그 사진이 아내의 가슴에 살아있는 동안, 아내의 꿈은 아이들과 함께 '푸른 하늘 은하수 하얀 쪽배'를 타고 서쪽 나라로, '엄마의 나라'로 가고 있으리라 본다.

떠난 뒤에 생각나는 것들

초판 인쇄  2016년 1월 20일
초판 발행  2016년 2월  1일

**지은이** 이응수
**펴낸곳** 도서출판 북캐슬
**펴낸이** 한정희
**주소** 경기도 파주시 회동길 445-1 경인빌딩 B동 4층
**전화** 02-325-5051  **팩스** 02-325-5771
**홈페이지** www.wordsbook.co.kr
**등록** 2004년 3월 12일 제313-2004-000061호
ISBN 979-11- 86619-03-2 03910
**가격** 12,500원